Widmung

Dieses Buch widme ich dankbar meinen Eltern für die mutige Entscheidung, mich in die Welt zu setzen.

Inhaltsverzeichnis

Sollte Dir trotz sorgfältigster Mehraugenprüfung ein unbeabsichtigter Tippfehler, sachlicher Fehler oder ein Verstoß gegen das Urheberrecht auffallen oder solltest Du Verbesserungsvorschläge für die nächste Auflage haben, wende Dich gerne bitte unmittelbar an mich via look@paragraphensylvia.de, damit ich das Abstellen kann (bevor Du erwägst, den Rechtsweg zu beschreiten). Das ist meinem Augenlicht geschuldet – die Alternative wäre KEIN BUCH gewesen – und das kam für mich nicht in Frage.

Einleitung

So wundervoll!

Was für ein zufriedenes Gefühl, endlich ist mein erstes, echtes Buch – ein paar E-Books gibt es ja schon – kurz vor der Vollendung. Und auch noch mein Lieblingsthema - ENTSCHEIDEN!

Morgen Abend ist Abgabe ans Lektorat.

Und jetzt bekomme ich eine Mail von meinem Urheberrechtskollegen, dass da ETLICHES aus rechtlichen Gründen (und DAS bei mir) verändert werden muss. So ein Mist!

Klar ist das toll, dass ich so einen kompetenten Kollegen habe, der mich unterstützt! Dafür bin ich äußerst dankbar.

Übrigens, wer mal einen Kollegen braucht, der im Urheberrecht so richtig fit ist: Klaus Weber, aus St. Augustin…

Aber jetzt, so kurz vor dem Erscheinungstermin, soll ich entscheiden, alles um Wochen nach hinten zu schieben? Jede Menge weitere Recherche ist nötig...

Alles Marketing ist schon geplant, angeschoben und läuft teilweise...

Was werden die Leute denken?

Kann ich nicht doch das Risiko eingehen?

Ca. fünf Minuten habe ich kurz und heftig überlegt und in mich reingefühlt und dann entschieden: der Herausgabetermin am 3.3.2019 wird gecancelt.

Am selben Abend sehe ich bei Facebook einen Post einer Bekannten: Ein Reisebüro bietet für 20 Personen im Herbst 2019 eine viertägige Bali-Reise mit Singapore Airlines zu einem absoluten Wahnsinnspreis an, Voraussetzung ist, morgens um zehn Uhr im Reisebüro Bonn am Markt zu erscheinen und ein Doppelzimmer zu buchen. Sie suchte eine Mitreisende.

Bali – da wollte ich schon immer mal hin🖤, aber nur vier Tage? Nach 17 Stunden Flug?

Egal!

Irgendwie hatte ich das Gefühl, mich wegen meiner tapferen Entscheidung, meinen Bucherscheinungstermin nach hinten zu verschieben, belohnen zu müssen. Und ich tröstete mich damit, dass es zwar verrückt war aber ja völlig unwahrscheinlich, dass wir bei 37 Reisebüros, die die Kette in Deutschland hat, unter den ersten 20 waren.

Aber ich wollte schon – und zwar sehr!

Wir können die viele Organisation, die Aufregung, die Hotel- und Flugsuche und die Terminsuche kurz zusammenfassen:

Nachdem sich herausgestellt hatte, dass man ebenso günstig auch auf bis zu drei Monate (!) verlängern konnte, habe ich mir drei Wochen von Mitte November bis Nikolaus geschenkt. Der Bekannten war es dann doch zu lang, sodass ich jetzt im Doppelzimmer allein bin.

Sie kann sich aber meiner unendlichen Dankbarkeit sicher sein.

Ich bin restlos glücklich!

Komischer Anfang für ein Buch?

Aber doch nicht für ein Buch über die Tatsache, dass Entscheiden glücklich macht!

Manchmal ist es nämlich nicht (nur) die Entscheidung selbst, die glücklich macht, sondern das, was folgt, wenn man mutig entschieden hat – der Erfolg des Entscheidens.

Denn Ent-scheiden eröffnet IMMER neue Möglichkeiten.

Und die sind nach meiner 58-jährigen Erfahrung in mindestens 99 Prozent der Fälle besser als die Alternativen, auf die man verzichtet hat!

Vorwort 1

1000 herzlichen Dank, dass Du mein Buch in Händen hältst (egal, wie es da hingekommen ist).

Kleine Frage vorab: Wie viele Bücher hast Du schon gekauft?

Und mit wie vielen davon hast Du so richtig coolen Erfolg gehabt!?

GANZ EHRLICH?

Also ich persönlich muss zugeben, dass ich schon viele Bücher gekauft habe

- die ich gelesen habe und die in meinem Schrank stehen
- und leider nicht stinken, sonst hätte ich es schon eher gemerkt

Kaufen allein hilft nämlich nicht.

Zusätzlich Lesen reicht auch noch nicht.

Erfolg ist nämlich das, was folgt und schon Altmeister Goethe hat gesagt:

Erfolg hat drei Buchstaben: TUN (Tag und Nacht). ;-)

Also:

Kaufen, lesen und hexhex – UMSETZEN!

Und daran fehlt es bei den meisten Menschen – NOCH!

Nur 5 % der Menschen sind erfolgreich; das sind die Umsetzer! Die Macher!

Und DAS kannst Du jetzt und hier lernen, wenn Du wirklich zu 100 % willst!

Du wirst die Salamitechnik lernen – einfach, kurz und knackig, Scheibe für Scheibe. Dazu später mehr.

Durch dieses Buch wird Dir ein Licht aufgehen!

Das garantiere ich Dir mit meinem guten Namen: Paragraphensylvia!

Damit das klappt, ist es nach meiner Erfahrung unbedingt notwendig,

- dass Du Dir einen Plan machst
- dass Du Zeitfenster schaffst, in denen DU immer wieder mit der Buchessenz arbeitest

- dass Du Dich einmal fragst, ob es vielleicht Menschen gibt, denen genau dieses Buch auch helfen würde,

- dass Du Dich mit genau denen zusammen tust, um gemeinsam zu wachsen. ;-) Im Team lernt es sich nämlich leichter und lustiger – für mich gehört LACHEN und LERNEN unbedingt zusammen!

Vorsicht: dieses Buch gleicht einem hochansteckenden Virus, der nur darauf wartet, verbreitet zu werden!

Aber keine Angst, denn es ist ein heilender Virus: er heilt Entschlusslosigkeit, Erfolglosigkeit, Unzufriedenheit usw. und bringt mehr Zufriedenheit in Dein Leben.

Vorwort 2

Kennst Du solche Menschen, die anscheinend immer genau wissen, wie Sie entscheiden möchten?

Die nicht lang zögern, sondern einfach machen?

Und dann treffen sie auch noch richtig gute Entscheidungen? Also solche Entscheidungen, die sie glücklich, reich, gesund

und strahlend machen...

Möchtest Du das auch können?

Das geht wirklich! Und Du hältst die Rezepte/Werkzeuge in der Hand!

Und es ist auch noch EINFACH:

Einfach weiterlesen.

Einfach entscheiden.

Einfach weiter üben.

Einfach genießen.

Wenn DU jetzt sagst: die kann ja viel reden (schreiben), wo sind die Beweise?

Tadaa – hier bin ich – ein lebendiger Beweis!

Früher eine Zaudererin, wie sie im Buche stand, eine Bangbüx, ein Opfer, das mit seinen Entscheidungen so lange gewartet hat, bis andere entschieden haben... :-(

Heute liiiebe ich es, zu ent-scheiden; denn ich liebe meine Freiheit, bin mir meiner Kraft bewusst und gehe begeistert meinen Übungsparcours des Lebens und gestalte ihn mit meinen Entscheidungen jeden Tag neu!

Ich habe es gelernt und geübt und DAS war nicht einfach – sozusagen die harte Tour.

Jede Katastrophe in meinem Leben – und das waren nicht wenige – hat mich besser entscheiden gelehrt.

Als Beispiel nenne ich Euch nur einmal, dass mein geliebter Vater und Geschäftspartner ertrank, als ich – selbständig, alleinerziehend mit vierjährigem Sohn – gerade ein Haus gekauft hatte.

Ich bin ein Beweis für den Satz: „Du wächst an Deinen Herausforderungen".

Ich behaupte nicht, dass Dir künftig keine Steine mehr auf Deinen Lebensweg rollen werden, aber ich gebe Dir die Werkzeuge und Rezepte, aus diesen Steinen standfeste, schöne Brücken zu bauen.

Voraussetzung ist NUR:

- Du liest dieses Buch,
- Du wirst Dir verschiedener Lebensgesetze bewusst
- Du lernst Dich endlich richtig gut kennen
- Du wirst Dein/e beste/r Freund/Freundin
- Du setzt die Erkenntnisse auch um
- und nochmal und nochmal - immer weiter
- und übst xtausendmal in hunderten von Varianten – man nennt es auch Training;-).

Oder hast Du schon einmal einen Weltmeister in einer Sportdisziplin gesehen, der nicht trainiert hätte?!

Wenn er trainiert, kann er allerdings Champion werden und die Medaille gewinnen.

Beim glücklich Ent-scheiden ist die Medaille der Lebenserfolg.

Und der führt zu Zufriedenheit in jedem Lebensbereich!

Für mich #zufriedenistdasneueglücklich♥

Du darfst Dich jetzt entscheiden, welches Vorwort Dich eher anspricht oder Du nimmst Dir einfach aus jedem Modell das, was Dir gefällt – so wie schon Pippilotta Viktualia Rollgardina Schokominza Efraimstochter Langstrumpf sehr klug – wie ich finde – gesungen hat: Ich mach mir die Welt, widde widde wie sie mir gefällt. (Hast Du auch das

Lied gleich im Kopf?)

Du hast immer die Wa(h)l!

Was bin ich?!

(Wer kennt noch das Fernsehquiz
mit Robert Lembke?)

Vorstellung 1

Ich bin in erster Linie lebensbegeistert.

Ich nenne mich Paragraphensylvia (www.paragraphensylvia.de). Ich zeige als ganzheitliche Familienanwältin Menschen, in deren Familien es gerade nicht so harmonisch läuft, wie sie

einfach die Perspektive ändern

- aus der vermeintlichen Katastrophe etwas über sich selbst lernen können
- und so trotz Trennungen ihre Geldbörse schonen
- können, indem sie in sich investieren, statt in Anwälte ;-)

Das Ergebnis sind Scheidungen ohne Streit! Dazu passend gibt es mein großes Herzprojekt nach 30 Jahren in diesem Beruf: das Tool „Glückliche Trennungskinder“!

Trennungen sind für mich kein Scheitern, sondern Chancen.

Ich netzwerke für mein Leben gerne, d. h. ich verbinde Menschen miteinander, damit tolle neue Dinge und neue Zusammenarbeiten entstehen.

Ich habe seit einigen Jahren immer ein „Jahresmottowort“, an dem ich mich bei meinen Ent-Scheidungen orientiere:

2015 Inspiration

2016 Geben

2017 Gesundheit

2018 Zuversicht

2019 „ist es Ordnung“

Auf meinem YouTube-Kanal kannst Du Dir ein Bild machen, WIE lebensbegeistert ich bin https://www.youtube.com/channel/UChIJ5fJVdH3TGiBuaYhwAJQ

Mich kann man ohne Umwege unter 02242 82481 anrufen – eine Viertelstunde meiner Zeit schenke ich jedem!

Danke für Deine Zeit!

Vorstellung 2

Hast Du Dich schon einmal mutig nach 20 Jahren des Wartens einer Herausforderung gestellt? Kennst Du das Gefühl, das sich dann einstellt: Wie blöd bin ich eigentlich? Warum habe ich das nicht viel früher gemacht?

Kommt Dir das vielleicht bekannt vor?

Das war ich im Januar 2018...

Und ich höre das hier auch beruflich fast täglich, wenn die Mandanten mir nach der Erstberatung sagen:

Wenn ich gewusst hätte, wie EINFACH das ist...

Ich liebe die Menschen, die mir vertrauen!

Ich bin stolz, dass ich meinen Beruf vor einigen Jahren doch nicht hingeschmissen habe, obwohl ich ganz kurz davor war.

Ich stand nämlich vor einer echten Herausforderung:

Mein langjähriger Partner trennte sich von mir (ich konnte und wollte es nicht begreifen!) und Tag für Tag saßen mir neue Menschen gegenüber, die über ihren Partner übel redeten, weil er... Du rätst es? ...sie verlassen hatte :-).

Und ich wollte meinen doch behalten und fand ihn toll... Echt schräge Situation!

Nun, das ist inzwischen Geschichte und war der Grundstein für meine jetzige Spezialisierung!

Ich konnte die CHANCE sehen und nutzen, die in der Katastrophe steckte und bringe das heute begeistert meinen Mandanten bei.

NICHT über den Ex herzuziehen, sondern zu schauen: Was ist da eigentlich passiert und wie ticke ICH denn eigentlich, wie komme ich da raus, was macht mich aus, was geht jetzt NOCH besser:-)?! Ich bin unendlich dankbar, dass ich meinen Beruf nicht aufgegeben, sondern mit Hilfe von zahlreichen Persönlichkeitsentwicklungsseminaren quasi transformiert habe.

Deswegen wurde ich auch eingeladen, für das neue Onlinemagazin https://www.transformation-network.de/ einen Artikel zu schreiben.

Ich hatte das unsagbare Glück, ziemlich am Anfang meiner Verwandlung zwei ganz besonderen Menschen zu begegnen, die mich förderten: Tobias Beck und Thaddaeus Koroma.

Mit ihrer Hilfe lernte ich mein Potential er-kennen und Tag für Tag mehr herauszulassen – und das hier ist erst der Anfang;-).

Ich wurde (wieder) die Persönlichkeit, die ich im Grunde immer war, aber nicht wirklich gelebt habe, die

- lebensbegeisterte,

- ganzheitlich,

- nachhaltig,

lösungsorientiert coachende Familienanwältin,

- eine Trennungsmentorin mit ganz viel Herz und Humor.

Eine echte Alternative zum herkömmlichen Bild meiner Kollegen also... ;-)

So und nun bist DU wieder dran! Du kennst das ja schon vom Vorwort: Du darfst Dich jetzt entscheiden, welche Vorstellung Dich eher anspricht oder Du nimmst Dir einfach aus jedem Modell das, was Dir gefällt – so wie schon Pippilotta Viktualia Rollgardina Schokominza Efraimstochter Langstrumpf sehr klug – wie ich finde – gesungen hat: ich mach mir die Welt, widde widde wie sie mir gefällt (Hast Du auch das Lied gleich im Kopf?)

Du hast immer die (Wa(h)l!

Was Du noch nicht wusstest

Und dann aus meiner Homepage noch ein paar Details, die Du vielleicht wissen solltest, damit Du meine Motivation noch besser verstehen kannst: Dass ich...

- einen Vogel habe, nämlich Bert.
- einen wunder-vollen Sohn habe (24), der für drei zählt.
- total gerne mit meiner Olympus OMD fotografiere.
- von einem BMW 645i Cabrio träume.
- internett bei den Hennefer Inspirationen aktiv bin.
- einige Facebookgruppen gegründet habe (wie z.B. https://www.facebook.com/groups/407079062705607/) mit fast 4000 Mitgliedern, wo Du Dinge verschenken kannst, die andere dringend brauchen, die bei Dir aber nur herumliegen und so ganz

nebenbei noch tolle Leute kennen lernen kannst.

- zwei Assistentinnen habe.

- das Leben liebe – mit allen Chancen und Gelegenheiten, die es mir bietet.
- beschlossen habe, 39 Jahre alt zu bleiben.
- als absoluter Teammensch gerne net(t)zwerke.
- den Charme von passivem Einkommen entdeckt habe.
- Klartext spreche und nicht rumeiere.

- jedem, der mich beauftragt, aus Dankbarkeit ein Geschenk überreiche.

- glaube, dass wir ewig lernen und parallel lehren werden, sodass Fehler das Salz in der Suppe des Lebens sind.

Für wen ist dieses Buch?

- Für Macher/innen und solche, die es werden wollen.
- Für die, die es leid sind, immer nur zuzuschauen, wie andere sich glücklich machen.
- Für all die, die es in Händen halten; denn es wird 100%-ig seine Magie entfalten: WENN DU GLAUBST, DU KANNST NACH DER LEKTÜRE IMMER BESSERE ENTSCHEIDUNGEN TREFFEN, DANN WIRD DAS SO SEIN!

Ich wünsche mir:

- dass Du Erfolg hast, der Dich nachhaltig glücklich macht.
- dass Du beim Lesen meine Stimme hörst (zum Üben geh` gerne auf meinen YouTube-Kanal).
- Dass Du das Buch mindestens dreimal liest und zwar mit Textmarkern und Dir eine schriftliche Zusammenfassung DEINER Highlights machst.
- dass Du positive Bilder in den Kopf bekommst, die Du nicht mehr löschen kannst.
- dass dieses Buch bei Dir einen Sack voll negativer Erinnerungen ausleert und mit guten Gefühlen wieder füllt.
- dass Du dieses Buch an mindestens einen Deiner Herzensmenschen verschenkst.
- dass Du Deinen Lebensblick weg von den Fehlern hin zum Gelungenen richten kannst, um Dein Mindset nachhaltig glücklicher zu gestalten.
- dass Du Dir bewusst wirst, dass Du wirklich alles erreichen kannst, was Du möchtest.

- dass es Dir gelingt, an Deine Großartigkeit und Dein unendliches Potenzial zu glauben.

- dass es Dir bewusst wird, dass das was Du tust, immer genug ist, um geliebt zu werden.

Wie Du das Meiste aus dem Buch herausholst:

1. Tipps umsetzen – 1000fach! Will heißen: ÜBEN! Werkzeuge (für die Männer) und die werkenden Frauen ;-) Rezepte, Zutaten (für die Frauen) und die kochenden Männer ;-) – EINFACH immer weiter probieren… (denk an Thomas Edison und seine 8000 – oder waren

es mehr? – Versuche, die Glühbirne zu erfinden).

2. Visualisieren – denk an den Topsportler – der macht das auch so… Stell Dir die guten Ergebnisse mit jeder Faser Deines Herzens vor (mit Gänsehaut und so!).

3. Denk dran: Immer weiter ent-wickeln! Alles ist schon da (in Dir)! 100 % sicher! Du darfst es NUR wieder auspacken.

4. Ent-lernen – alles, was bisher nicht geholfen hat, erst einmal vergessen!

5. Sei Dir bewusst: Energie ist wichtiger als Intelligenz!

6. Frag Dich UND beantworte immer wieder: Was liebst Du mehr - Freizeit oder Freiheit?

7. Bei großen Aufgaben denk`an die SALAMITECHNIK: schneid`die Aufgabe in kleinere, leichter zu bewältigende Scheibchen und schon geht es deutlich leichter und dann zurück zu 1).

8. Installiere erfolgreiche Rituale in Dein Leben, Techniken, die geklappt haben, Umsetzungen von neuen Inspirationen.

9. Bleib` hungrig!

10. Such Dir ein TEAM❤
https://www.youtube.com/watch?v=mlTAvlvFJQM

Warum solltest Du ausgerechnet auf MICH hören?

- Weil ich Tausenden beim Ent-scheiden zugeschaut und zugehört und daraus unendlich viel für Dich gelernt habe.
- Weil ich es liebe und deshalb richtigrichtig gut kann – das Ent-scheiden!
- Weil Du Dir einen Versuch wert sein solltest! Das Buch hast Du ja eh schon ;-)

Meine glücklichsten Entscheidungen:

Ich glaube ja, dass man sich die besten Geschenke selbst macht.

In dem Zusammenhang habe ich erkannt, wie wichtig die besonders glücklichen Entscheidungen sind, die ich bisher in meinem Leben getroffen habe.

Du kennst sicher den Spruch: Hinterher ist man immer schlauer.

Ja, das ist richtig, finde ich.

Mir geht es darum, dankbar und stolz auf meine Entscheidungen zurückzublicken.

Deswegen wollte ich herausfinden, was die glücklichen Entscheidungen gemeinsam haben, um das in Zukunft noch öfter umzusetzen, wenn ich vor einer Wa(h)l stehe.

Du hast immer die Wa(h)l!

Deshalb habe ich mir meine glücklichsten Entscheidungen einmal genauer angeschaut.

1. Ich studiere Jura!

   Warum auch immer – ich hatte einen Notenschnitt von 2,9 im Abitur und damit war mir wegen des bestehenden Numerus clausus mein Traumweg zum Studium der Pharmazie verbaut.

   Im Losverfahren hatte ich auch kein Glück.

   Die nächste Idee war ein Studium der Landwirtschaft – auch etwas mit Natur ;-) – ging aber damals nicht in Bonn. Der nächstmögliche Studienort wäre Münster gewesen. Das kam für mich nicht infrage, weil ich im Rheinland bleiben wollte (wegen meiner glücklichen privaten Beziehung).

Deswegen kam auch das Auslandsstudium, das mir mein Vater angeboten hatte, für mich nicht in Betracht.

Beim Pharmaziestudium gab es aber eine Warteliste, und zwar so eine, dass man wirklich darauf hoffen konnte, nachzurücken, wenn andere ihren Studienplatz, den sie ursprünglich sicher hatten, doch nicht antreten wollten. Und auf dieser Warteliste befand ich mich und hatte zu ent-scheiden ;-), was mache ich, bis die Entscheidung der Uni fällt. Gejobbt hatte ich nach dem Abi genug, so dass ich schon Lust auf Uni hatte. Mangels Alternativen (in meinem Kopf) schrieb ich mich also für Jura ein.

Wie sich später tausende von Male und um ebenso viele Erfahrungen bereichert herausstellte – eine für mich geniale Entscheidung.

Den Studienplatz für Pharmazie habe ich übrigens nicht bekommen.

2. Ich will ein Kind!

Ich lebte seit 15 Jahren in einer glücklichen Beziehung und so langsam kam das Gefühl auf: es wäre ja schon schön, wenn ich all das, was ich im Leben gelernt habe, an mein Kind weitergeben könnte (ja, so habe ich wirklich gedacht!).

Da ich nicht mit meinem Partner zusammenlebte, wollte diese Entscheidung grundsätzlich wohl überlegt sein, denn alleine für ein Kind 24 Stunden

am Tag verantwortlich zu sein, ist schon eine weitreichende Entscheidung.

Aber mein Herz hatte ja gesagt, mein Partner hat ja gesagt und am 18. August 1993 haben wir entschieden und am 18. August 1994 wurde mein Sohn geboren.

Ich glaube ja ganz fest daran, dass das was mit Magie zu tun hat.

3. Ich kaufe ein Haus!

Das war so die Zeit, als es in meinem Leben Schlag auf Schlag ging mit den Entscheidungen! Als mein Sohn geboren wurde, lebte ich in einer schönen Wohnung im ersten Stock in der Stadt und konnte auswählen, ob ich zu Fuß ging oder mit dem Auto zur Arbeit fuhr.

Damals hatte ich schon eine Anwaltssozietät mit meinem Vater gemeinsam.

Da ich mit dem kleinen Kind alleine lebte, war ich finanziell noch nicht so aufgestellt, dass ich einfach so hätte ein Haus kaufen können.

Ich hatte aber keinen Zweifel daran, dass ich mein Leben lang mit meinem Vater gemeinsam arbeiten würde (wollte) und da dieser mich gerne beim Hauskauf unterstützen wollte, hielt ich es für eine sinnvolle Idee, Immobilienvermögen zu schaffen.

So hatte ich das zu Hause gelernt….

Mich bewegte das, was viele bei einer solchen Ent-scheidung bewegt: warum 1000 Euro Miete zahlen, die für immer weg sind, anstatt lieber 1000 Euro auf einen Kredit abzutragen und dafür (später ;-)) Hauseigentümerin zu sein.

Hurra, der „Nestbau“ konnte beginnen!

4. Ich verkaufe mein Haus!

21 Jahre später fragte mich eines Tages mein Sohn, ob es mir etwas ausmachen würde, wenn er auszöge. Er wollte mit seiner Freundin zusammenziehen.

Ich schluckte, atmete und stotterte: Nnnnein, nnnatürlich nnnnicht. Das ist ja toll.

Sohn: Warum heulst Du dann;-)?

24 Stunden später ich an Sohn: Würde es Dir etwas ausmachen, wenn ich das Haus verkaufe?

Sohn: So schnell???

Ent-scheidungen kommen oft aus der Tiefe Deines Unterbewusstseins.

Diese Sache mit dem Hausverkauf:

Mir war es immer immens wichtig, für meinen Sohn ein gemütliches Nest gebaut zu haben und zu erhalten, in dem er Schutz, Ruhe und Ausgeglichenheit findet.

Aaaber als (ungeplante) Alleinfinanziererin war das in den letzten rund 10 Jahren eine manchmal schon teilweise echt ungesunde Herausforderung gewesen (mein Vater war ja überraschend gestorben, als mein Sohn vier Jahre alt war).

Damit keine Missverständnisse aufkommen: es war eine fantastische Zeit im Haus – nur eben sehr kräftezehrend und herausfordernd – allein für so ein Anwesen mit Pool, Gartenhaus, Hühnern, Ententeich usw. verantwortlich zu sein...

Als aber vom Kind die Ansage kam: ich brauch das nicht mehr, habe ich BLITZSCHNELL entschieden (quasi ohne nachzudenken!), ich brauch das auch nicht mehr!

Offensichtlich lag diese Entscheidung schon fertig im Unterbewusstsein parat und wartete nur auf den richtigen Moment. So ist es, denke ich, bei vielen Dingen im Leben.

5. Ich digitalisiere mein Business!

Technik ist nicht so meins (fieser Glaubenssatz, ich weiß). Also, ich stelle klar: Technik fasziniert mich restlos und ich kenne meine Grenzen, SELBST damit umzugehen und lerne deswegen jeden Tag weiter dazu.

> Ich möchte UNBEDINGT mein Potential der „Beihilfe“ zur Scheidung ohne Streit und mit glücklichen Trennungskindern möglichst schnell und weit verbreiten, damit noch viel mehr Menschen glückliche Entscheidungen treffen können.

Gut, dass die Digitalisierung diese Möglichkeit in unendlichen Facetten bietet.

Frau muss nur die richtigen Kontakte haben.

Die habe ich glücklicherweise in den letzten Jahrzehnten gut gepflegt!

Bleibt gespannt – jetzt geht es richtig ab!

Und Du unterstützt mich durch Deinen Buchkauf und das Verbreiten dieser einfachen Möglichkeiten, in Zukunft noch glücklichere Entscheidungen zu treffen.

Vielleicht schreibst Du ja einen Beitrag in Deinem Blog, interviewst mich oder machst ein Video? Ich stehe gerne zur Unterstützung zur Verfügung.

Und gleich mitten rein ins TUN:

Weil ich ja so gerne Fragen stelle:

- Was waren Deine drei glücklichsten Momente im Leben?

  Zur Erklärung: Das sind diese Tage gewesen, die in dem Buch „The big five for live“ von John Strelecky https://amzn.to/2GXuxgD als Museumstage bezeichnet werden.

  Stell Dir vor, Dein Leben ist bald zu Ende und Du darfst die schönsten Momente in je einem Bild festhalten.

  Ein Museum stellt Dir einen Raum zur Verfügung, in dem Du die Bilder präsentieren darfst und Du gehst durch Deine eigene Ausstellung und schaust Dir Deine Museumstage an.

  Welche Momente waren das?

Für den Fall, dass Du nicht sofort drauf kommen solltest:

- Das sind diese Tage, an denen Du so gestrahlt hast, dass Dir völlig unbekannte Menschen Komplimente gemacht und Deine Freunde Dich spontan umarmt haben.

- Oder dieser Tag, an dem Du plötzlich gefühlt hast: Du bist angekommen; Du hast Dein Ziel erreicht, Du bist zutiefst zufrieden und kein Wunsch ist mehr offen.

- Oder dieser Moment, als Du die Zusage für etwas, was Du Dir soso sehr gewünscht hast, auf das Du so lange hingearbeitet hast, erhalten hast und durch die Wohnung getanzt bist, gejauchzt hast und sofort jemand anrufen musstest.

- Der Moment, als Du sprachlos vor Glück das kleine Wunder Mensch angeschaut hast, dass Du mit erschaffen hast.

- Oder etwas ganz speziell anderes, das eben dann DEINS war.

Sei Dir bewusst, diese Momente sind Schätze, die Schätze Deines Lebens.

Wann immer Du ein Gefühlstief hast, kannst Du auf diese glücklichen Gefühle zurückgreifen, um Dich aus einem Tief heraus zu holen. Geh` Dein Leben noch einmal dankbar in Gedanken durch, fühle Deine Schätze intensiv und schon verziehen sich die Wolken am Horizont.

Denn neben Dankbarkeit (für Deine Museumstage) geht gleichzeitig KEIN ANDERES GEFÜHL!

Und es ist ein Geheimnis, dass diese Momente oft aus sehr bewussten Entscheidungen entstanden sind!

Aus Entscheidungen, die ALLE etwas GEMEINSAM haben:

Was haben all Deine glücklichen Entscheidungen und die glücklichen Entscheidungen anderer Menschen gemeinsam?

Sie machen richtig richtig zufrieden!

Voraussetzungen für glückliche Entscheidungen:

1) Gesundheit

Dabei spielt Deine körperliche Verfassung im Moment der Entscheidung eine sehr wichtige Rolle für ihren Erfolg.

Mache Dir bewusst:

Topfitte Menschen treffen bessere Entscheidungen, als Menschen, die kurz vor dem Burnout sind.

Eigentlich logisch, oder?

Wird dennoch gerne missachtet.

Vielleicht kennst Du den Spruch von Voltaire: Da es sehr förderlich für die Gesundheit ist, habe ich beschlossen, glücklich zu sein.

Ich bin so frei und ändere diesen Spruch wie folgt ab:

Wenn Du gesund bist, ist es viel einfacher, glückliche Entscheidungen zu treffen.

Dir fällt sicher sofort ein Beispiel aus Deinem Leben

ein, wo Du eine Entscheidung getroffen hast, als es Dir gesundheitlich schlecht ging.

Und da ist es egal, ob die Entscheidung sich auf die Gesundheit bezieht, oder ob es gerade eine Lebensentscheidung ist wie zum Beispiel: trenne ich mich oder nicht.

Wenn Du nicht gesund bist, bist Du nicht zu 100 Prozent da. Du kannst nicht auf die tollen Ressourcen, die Du „eigentlich" hast - also wenn Du gesund bist – zurückgreifen.

Es ist wie, wenn ein Auto nur auf drei Pötten läuft; nicht wirklich rund und schnell.

Willst Du also auf Dauer glückliche Entscheidungen treffen, so kümmere Dich in erster Linie um Deine (körperliche und seelische) Gesundheit!

Es gibt ein paar entscheidende Parameter, die ich in einem Video mit Doktor Spitzbart (den Kanal bei YouTube kann ich nur empfehlen) gesehen habe. Da habe ich wieder verstanden, dass es sehr viel Sinn macht, dass ich seit einigen Jahren

a) Nahrungsergänzungsmittel nehme

   Das ist nicht jedermanns Sache, weiß ich; für mich ist es aber die richtige Lösung, und jeder darf ja seine eigene Lösung finden.

   Ich glaube, dass unsere Nahrungsmittel oft gar nicht mehr nähren und mit Schadstoffen belastet sind. Wer sich zu diesem Thema (auch zum Thema

Entgiften und Darm, Stichwort „Zweites Gehirn“) tiefer informieren möchte, dem empfehle ich die Bücher von Stross z.B. Natürliche Nährstoffversorgung https://amzn.to/2Cwt2Bz.

Neben Nahrungsergänzung ist mein weiteres Geheimnis, das ich Dir jetzt hier verrate, mein

b) Bellicon https://goo.gl/3st8Vz

Krank sein und bleiben und trampolinieren schließt sich aus!

Außerdem habe ich vor einigen Jahren das

c) Meditieren für mich entdeckt.

Seitdem ist das Erreichen des Zwischenraumes zwischen zwei Gedanken – dieser absolute Ort der inneren Ruhe – für mich ein wichtiges Ziel geworden.

Mein wert-voller Kontakt Stephan Zeitz https://www.facebook.com/stephan.zeitz1 hat dazu einmal formuliert:

„Meditation verursacht gelebtes Leben. Der Grund, warum vielen Menschen Meditation zunächst so schwer fällt, ist, dass sie sich selbst in der Stille begegnen, und was viele dann sehen, ist ihr ungelebtes Leben.

Das zu erkennen, ist schwer auszuhalten.

Allerdings kommt nach nur wenigen Wochen täglicher Praxis viel zum Leben dazu: innere Ruhe, Klarheit über die eigenen Lebensziele und eine Akzeptanz für das aktuelle SEIN - im Hier und Jetzt.

Stefan Zeitz sagt: Wenn ich aus meiner Praxis als Trainer das wirksamste Tool zur Entfaltung der Potenziale der eigenen Persönlichkeit nenne müsste, dann wäre es die Meditation.

Sie ist der Schlüssel für ein vollkommen neues Er- Leben.

Einmal am Tag zu meditieren ist bei mir inzwischen

Minimum geworden und ich bin sehr stolz darauf, dass ich es geschafft habe, diese Gewohnheit in mein Leben zu integrieren.

Und jeden Tag mache ich einen weiteren Sprung über meinen eigenen Schatten und verlasse meine Komfortzone, indem ich morgens

d) duschen und zwar kalt(!).

Auch das hat mich auf Dauer glücklichen Entscheidungen einen Riesenschritt nähergebracht.

Wer mich näher kennt, weiß, dass ich eher eine Frostbeule bin, die die Wärme und die Sonne liebt. Mit diesem Wissen kannst Du etwas besser ermessen, was das für mich für ein Kraftakt war. Ich habe überhaupt kein Problem damit zuzugeben, dass die Einrichtung dieser neuen Gewohnheit ein halbes Jahr gedauert hat. Ich habe es zuerst nach dem warm duschen nur geschafft, die Unterschenkel bis zum Knie kalt abzuduschen und dann verließ mich der Mut. In der nächsten Stufe habe ich auch die Unterarme mit einbezogen, schließlich auch die Oberschenkel und die Oberarme. Ein paar weitere Wochen später kam erst der höchst grenzwertige Schritt dazu, Brust und Rücken einzubeziehen.

Später habe ich dann noch insgesamt die Zeit verlängert.

Und dann gab es wieder diesen Effekt, dass ich hinterher überhaupt nicht mehr wusste, warum ich das nicht vorher schon gemacht hatte, weil es so immens gut tut.

Und es kostet JEDEN MORGEN große Überwindung; ich muss wirklich jeden Morgen vor Brust und Rücken neu die Entscheidung treffen muss: Ich mache es.

Jeden Morgen steht Günter, der innere Schweinehund da https://www.youtube.com/watch?v=9fQ4mHd47fA und winkt mit einer Heizdecke.

Du merkst in dieser Aufzählung schon, dass es zwar einerseits ganz einfach ist, die Voraussetzungen für glückliche Entscheidungen zu schaffen, dass es aber weit davon entfernt ist, leicht zu sein.

Also einfach „betrifft" die abstrakte Handlung und „leicht" das subjektive Gefühl.

Wenn Du aber entscheidest, öfter glücklich entscheiden zu wollen, solltest Du gerne einige Unannehmlichkeiten in Kauf nehmen.

ES LOHNT SICH DEFINITIV!

DA! DENKANSTOß!

Muskeln wachsen in Ruhe, nicht an Trainingstagen.

Zu Deiner Beruhigung sei gesagt, dass alle neuen Handlungsweisen nach 30 bis 90 Tagen zur Gewohnheit werden und dann ihren Schrecken verlieren. Erinnere Dich daran, als Du begonnen hast, Deine Zähne zu putzen. Heute denkst Du doch nicht im Ernst darüber nach, ob Du Dir morgens die Zähne putzen sollst, oder?

Mir geht es nur darum, dass Dir verschiedene Zusammenhänge bewusst werden.

Also: Bist Du richtig gesund, bist voll in Deiner Kraft, kannst Du glückliche Entscheidung treffen.

DA! DENKANSTOß!

Stress ist, wenn man vergessen hat, dass man Entscheidungen treffen kann.

2) Geld

Ich wette, Du warst auch schon mal in der Situation, dass Du Dich für A oder B entscheiden musstest und Du hättest gerne B genommen, aber das Geld reichte nur für A.

Für mich ist eine wirklich glückliche Entscheidung nur eine
solche, die unabhängig und frei getroffen werden kann. Versteh mich nicht falsch; ich glaube nicht, dass Du 1.000.000 € brauchst, um glückliche Entscheidungen zu treffen.

Aber: Hast Du ein finanzielles Limit am unteren Rand, ist die Entscheidung, die Du treffen kannst, schon nur begrenzt gültig, da von vornherein verschiedene Möglichkeiten ausscheiden.

Ich habe mit dieser Variante des Entscheidens etliche Jahre meines Lebens verbracht und ich bin zutiefst dankbar dafür.

Wieso das? Ich erkläre es Dir gern.

Denn diese Zeit hat mich einiges gelehrt:

- Zu erkennen, was für mich wirklich wirklich wichtig ist; ein Überfluss an

Geld kann nämlich dazu führen, dass ich unnötige Dinge im Fokus habe.

- Zu begreifen, wie wichtig Geduld ist; wenn ich nicht alles sofort bekomme, sondern warten muss, verändert sich manchmal die Bedeutung der Dinge; dadurch kann ich größere Klarheit über meinen wirklichen Antrieb gewinnen.

- Wie unfassbar wichtig Freunde im Leben sind; nicht die, die mit Geld aushelfen, sondern die, welche, wenn ich auf Sparflamme laufe, mein helles Licht noch sehen, das ich selber aus dem Blick verloren habe.

- Wie unglaublich zuverlässig das Gesetz der Anziehung wirkt; wenn Du selber gerade wenig hast, kannst Du Dich entscheiden, Dich nicht im Mangel klagend zu verlieren, sondern stattdessen anderen zu helfen mit dem, was Du kannst; das ist die Chance, dein Mindset total zu verändern.

- Dass ich niemals aus dieser Situation heraus gekommen wäre, wenn ich nicht meinen ersten Schlüssel zum Glück (Video), die Dankbarkeit, für mich entdeckt hätte; die Magie, die der Dankbarkeit innewohnt, ist Ausschließlichkeit: wer dankbar ist,

kann weder gleichzeitig wütend sein noch sich arm fühlen, noch andere negative Gefühlszustände manifestieren; neben Dankbarkeit geht nichts –
nada – null – niente!

Und hier hast Du den Schlüssel zur Brücke über den Geldmangel im Moment der Entscheidung:

Du kannst Dich immer entscheiden, dankbar zu sein für das, was Du hast, anstatt dem hinterher zu jammern, was Dir fehlt.

Und Du kannst Dich für einen Plan für die Zukunft entscheiden, mehr für Dein Leben zu manifestieren, weil Du bessere Entscheidungen treffen möchtest.

Wenn Du eine gute Technik suchst, um Deinen Umgang mit Geld zu verbessern, um mehr zu erhalten und das erhaltene länger zu behalten, so kann ich Dir sowohl das brandneue Buch von Gunnar Kessler https://gelddasbuch.de/ empfehlen, als auch seine sonstigen Produkte. Er ist mir seit langen Jahren als wirklich sachverständig und authentisch bekannt. Er ist einer, der es geschafft hat aber noch sehr realistischen Bodenkontakt mit den Füßen hat.

Und das waren nur meine großen Momente: Die Entscheidung, sich auf einen unerreichbar scheinenden

Traumjob zu bewerben, die Entscheidung, eine Familie zu gründen, die Entscheidung, ein Haus zu kaufen, die Entscheidung, etwas ganz Großes zu beginnen.

Das Tollste am Entscheiden ist, dass Du nicht auf die großen Chancen warten musst, sondern jeden Tag glücklich entscheiden üben kannst.

Denn kleine Entscheidungen können genauso glücklich machen wie große – nur öfter.

Ich glaube allerdings nicht, wie so oft gesagt wird, dass Du Tag für Tag Hunderte von Entscheidungen triffst. Dass Du zum Beispiel schon entscheidest, ob Du aufstehst oder liegen bleibst, ob Du Dir die Zähne putzt oder nicht usw.

Ich glaube, dass das keine wirklichen Entscheidungen sind, sondern dass das die Schwestern der Entscheidungen sind - nämlich Gewohnheiten.

Ihnen liegt zwar ursprünglich einmal zu Anfang eine Entscheidung zugrunde, nämlich zum Beispiel beim Zähneputzen die Entscheidung für die Gesundheit und nicht so oft zum Zahnarzt gehen zu wollen.

Aber nach 60 bis 90 Tagen, an denen Du Dir regelmäßig die Zähne geputzt hast, entscheidest Du morgens nicht mehr wirklich, ob Du Dir die Zähne putzt, sondern machst es automatisch.

Im Gegensatz dazu entscheide ich aber z.B. jeden Tag bewusst, ob ich mit dem Auto zur Arbeit fahre oder zu Fuß gehe oder mit dem Rad fahre, um länger an der frischen Luft zu sein.

Ich entscheide, ob ich im Gericht mit dem Aufzug fahre oder die Treppe nehme, um meinen Kreislauf in Schwung zu bringen.

Ich entscheide, ob ich auf Essen nach 18 Uhr verzichte, weil ich durch Intervallfasten mein Gewicht auf einem für mich gesunden Level halten möchte.

Ich freue mich, wenn Dir durch die Lektüre dieses Buches ab jetzt bewusster ist, wann Du jeweils entscheidest.

3) Einfach mal die Perspektive Wechseln

Zum Augen öffnen die Geschichte vom schwarzen Punkt:

Eines Tages kam ein Professor in die Vorlesung und schlug einen Überraschungstest vor. Er verteilte sogleich das Aufgabenblatt, das wie üblich mit dem Text nach unten zeigte. Dann forderte er seine Studenten auf, die Seite umzudrehen und zu beginnen.

Zur Überraschung aller gab es keine Fragen- nur einen schwarzen Punkt in der Mitte der Seite. Nun erklärte der Professor folgendes:

„Ich möchte Sie bitten, das aufzuschreiben, was Sie dort sehen."

Die Studenten waren verwirrt, begannen jedoch mit ihrer Arbeit. Am Ende der Stunde sammelte der Professor alle Antworten ein und begann sie laut vorzulesen. Ohne Ausnahme hatten alle den schwarzen Punkt beschrieben, seine Position in der Mitte des Blattes, seine Lage im Raum, sein Größenverhältnis zum Papier usw.

Nun lächelte der Professor und sagte:

„Ich wollte ihnen eine Aufgabe zum Nachdenken geben. Niemand hat etwas über den weißen Teil des Papiers geschrieben. Jeder konzentrierte sich auf den schwarzen Punkt. Und das gleiche geschieht in unserem Leben; wir haben ein weißes Papier erhalten, um es auszunutzen und zu genießen, aber wir konzentrieren uns immer auf die dunklen Flecken. Unser Leben ist ein Geschenk, das wir mit Liebe und Sorgfalt hüten sollten und es gibt eigentlich immer einen Grund zu feiern: Die Natur erneuert sich jeden Tag, unsere Freunde, unsere Familie, die Arbeit, die uns eine Existenz bietet, die Wunder, die jeden Tag geschehen.

Doch wir sind oft nur auf die dunklen Flecken konzentriert, die gesundheitlichen Probleme, den Mangel an Geld, die komplizierte Beziehung mit einem Familienmitglied, die Enttäuschung mit einem Freund, unsere Erwartungshaltung usw.

Die dunklen Flecken sind sehr klein im Vergleich zu allem, was wir in unserem Leben haben, aber sie sind diejenigen, die unseren Geist beschäftigen. Wir sind jedoch stets frei, unsere Aufmerksamkeit auf das gesamte weiße Papier und damit auf die Möglichkeiten und glücklichen Momente im Leben zu richten."

Wenn Kinder klein sind, werden sie von den Eltern beim Laufenlernen gelobt und niemand meckert rum, wenn sie 85.000 mal hinfallen, bevor sie laufen können.

In der Schule beginnt es dann, dass bei einem Diktat nicht die 100 richtigen Wörter, sondern das eine, falsch geschriebene, Wort in den Fokus gerät. Und diese Abwärtsspirale auf das Negative und die Katastrophen setzt sich fort.

Stell Dir einmal eine Zeitung mit nur positiven Nachrichten vor, die es ja Gott sei Dank inzwischen gibt - https://pureandpositive.com/ - und im Juni erscheint dort sogar ein Artikel über mich....

In den sozialen Medien wirst Du immer für Katastrophenmeldungen mehr Kommentare und Likes erhalten, als für positive Nachrichten, wie zum Beispiel die Geburt eines Kindes.

Das ist erlerntes Verhalten, dass wir, wenn uns das bewusst ist, auch genauso bewusst wieder Entlernen können.

Es ist immer unsere Ent-scheidung, worauf wir die Perspektive im Leben richten.

Was steckt denn so HINTER DER ENTSCHEIDUNG?!

Oder besser: Wie treffe ich nun GUTE Entscheidungen?

Tools

Tool1: Werte

Hast Du Dich schon einmal gefragt, was Deine Hauptwerte sind, an denen Du Dich bei Deinem Handeln orientierst?

Ich muss gestehen, dass ich mir darüber bis vor einigen Jahren null Gedanken gemacht habe.

Eine Liste mit Beispielen findest Du in einem meiner Lieblingsblogs: Zeit zu Leben https://www.zeitzuleben.de/20newsletter-abonnenten-downloads/?sgm=nl17

Wenn Du eine wichtige Entscheidung triffst, wird sie nur auf Dauer erfolgreich sein und Dich glücklich machen, wenn sie Deinen Werten zu 100 % entspricht.

Oder umgekehrt: Je weniger Deine Entscheidungen Deinen Werten entsprechen, desto katastrophaler sind sie.....

Als Anwältin habe ich es meist mit den Folgen von Entscheidungen, die weniger erfolgreich waren, zu tun.

Kürzlich beauftragte mich eine Geschäftsfrau um die 50 mit ihrer Vertretung im Scheidungsverfahren. Neben diversen Gründen gab sie an, nicht mehr mit ihrem Mann zusammen leben zu können, da er eine sogenannte Eule, d.h. ein Nachtmensch sei und sie eine Lerche, die frühmorgens schon sehr aktiv sei. Außerdem sei sie zuverlässig und pünktlich und er eher ein kreativer Künstler, der auf Zuverlässigkeit und Pünktlichkeit keinen großen Wert lege. Über die 20 Jahre der Ehe hätten sich diese Unterschiede, die in der Phase der Verliebtheit zunächst unwesentlich erschienen, als unüberbrückbare Hindernisse für eine funktionierende Partnerschaft erwiesen.

Wäre hier beiden Eheleuten zum Zeitpunkt der Hochzeit schon bewusst gewesen, welche Werte für sie im Leben wichtig sind, hätten sie den Unterschieden und deren Überbrückung möglicherweise achtsam mehr Aufmerksamkeit gewidmet oder sich die Heirat dreimal überlegt.

Jeder von uns hat bewusst oder unbewusst einige wichtige Werte, die für die Entscheidungen, die wir treffen, ausschlaggebend sind.

Daher werden unsere Entscheidungen uns nachhaltig glücklicher machen, wenn wir dann, wenn wir sie fällen, unsere Werte dabei beachten.

Ein Beispiel aus meinem Leben dazu gefällig?

Ich bin Anwältin geworden, weil mich die Ergebnisse der Arbeit meines Vaters, nämlich glückliche Mandanten, beeindruckt haben. So etwas wollte ich auch bewirken können.

Das ist mir auch rund 25 Jahre gut gelungen.

Allerdings hatte ich unter den Kollegen immer das Gefühl, als Fremdkörper – so wie ein Schaf unter Wölfen – unterwegs zu sein.

Wie ich inzwischen weiß, hängt das damit zusammen, dass einer meiner tragenden Werte Liebe ist, was mit dem streitbaren Bild, dass wir von einem Anwalt haben, nicht zusammenpasst.

Erst meine eigene Trennung hat mich darauf gebracht, dass ich für Menschen mit meinen Werten eine Alternative zu den herkömmlichen, streitbaren Anwälten sein und damit entspannte harmonische Lösungen unterstützen kann.

Ich freue mich, wenn Du durch die Lektüre dieses Buches ab jetzt bewusst(er) darauf achtest, ob Du bei deinen Entscheidungen Deine Werte beachtest.

Ein einfacher Gradmesser dafür ist Dein Gefühl. Wenn Du Dich fragst, ob sich eine Entscheidung gut und leicht anfühlt und sie tut es, entspricht sie Deinen Werten.

Zur Klarstellung: NICHT das Ausführen und Umsetzen der Entscheidungen oder das Entscheiden selbst ist der Knackpunkt, sondern fühl Dich in die neue Situation, nachdem Du entschieden hast, hinein und fühle, wie sich das anfühlt. Ist es leicht und bringt es Dich zum Strahlen, sind Deine Werte erfüllt.

Was sind DEINE Hauptwerte?

Überprüfe einfach einmal ein paar Deiner Lebensentscheidungen, ob Deine Werte beachtet sind. Vielleicht erlebst Du die eine oder andere Überraschung oder Bestätigung.

Meine tragenden Werte sind übrigens Freiheit, Freude und Liebe.

Solltest Du Dich jetzt fragen: Wie, so einfach?

So lautet die Antwort: JA!.

Die meisten Tipps und Lösungen aus diesem Arbeitsbuch sind einfach, nur manchmal nicht so ganz leicht umzusetzen.

Aber dagegen hilft Dir das Üben - das hatten wir ja weiter oben schon.

Und ich wiederhole das hier gern, da auch das für Dich eine Übung ist und so besser in Dein Unterbewusstsein wandert.

Du hast immer die Wa(h)l!

Tool 2: Navigationsgerät

Oft werden Entscheidungen hinausgezögert oder gar nicht getroffen, weil die Menschen keine falschen Entscheidungen treffen möchten.

Allerdings ist es aber auch so, dass wir erst im Nachhinein feststellen können, ob eine Entscheidung richtig oder falsch war (hinterher ist man immer schlauer ;-)).

Ein sehr gutes Tool, um öfter Entscheidungen zu treffen, die wir auch im Nachhinein als richtig ansehen können, ist das „Navigationsgerät für Entscheidungen".

Das Navigationsgerät kennst Du ja ansonsten von der Nutzung auf unbekannten Strecken im Straßenverkehr.

Das kann man ganz einfach durchaus auf unbekannte Lebenswege übertragen!

Welche Angaben braucht nun ein Navigationsgerät?

Zum einen will es wissen, wo Du Dich aktuell befindest.

Zum anderen braucht es die Angabe eines Ziels.

Möchte ich also zum Beispiel die Entscheidung treffen, ob ich Zuhause koche oder essen gehen soll, muss ich mir bewusst werden, welche Faktoren für die Entscheidung eine Rolle spielen - wo ich mich aktuell befinde.

Ich muss mich z.B. fragen: Wie viel Zeit habe ich zur Verfügung? Wie viel Geld kann ich ausgeben? Welche Zutaten habe ich im Haus? Diese Faktoren spielen bei der Entscheidung eine wichtige Rolle.

Aber auch das Ziel hat große Bedeutung für die Entscheidung: Möchte ich einfach nur schnell satt werden? Soll das Essen möglichst gesund sein? Möchte ich etwas Neues kennenlernen?

Ich erlebe in meiner Praxis immer wieder Menschen, die Entscheidungen treffen und entweder nicht wissen, wo sie aktuell stehen oder aber ihr Ziel nicht genau kennen.

Was nützt es Dir, wenn Du weißt, dass Du nach Berlin zum Brandenburger Tor möchtest, aber nicht weißt, ob Du in München oder Düsseldorf startest?

Wie willst Du das richtige Auto finden, wenn Du nicht weißt, wie viel Geld Du für den Kauf zur Verfügung hast?

Die Reihe der Beispiele könnte ich endlos lange fortsetzen. Nachdem Du Dir das bewusst gemacht hast, fallen Dir sicherlich auch einige Beispiele ein, wo Deine eigenen Entscheidungen deswegen nicht so erfolgreich waren, weil Du entweder nicht berücksichtigt hast, wo Du gerade aktuell gestanden hast oder nicht genau wusstest, wo exakt Du eigentlich hin wolltest.

Zufrieden machende Entscheidungen sind also davon geprägt, dass Du Klarheit darüber hast, wie Deine Situation aktuell ist und Dir eine genaue Vorstellung davon machst, wie die neue Situation sein soll.

Exkurs SMARTFORMEL zur Zieledefinition:

Es gibt eine bekannte Formel, die man zur erfolgreichen Zieldefinition nutzen kann, die mit dem Akronym SMART(jeweils der erste Buchstabe des Wortes wird in einer senkrechten Reihe senkrecht, die Fortsetzung des Anfangsbuchstabens jeweils waagerecht geschrieben) verbreitet wird:

Smart steht dabei für spezifisch messbar attraktiv realistisch und terminiert.

Kurz im Einzelnen:

S spezifisch meint eindeutig definiert, so präzise wie möglich, nicht vage

M messbar bedeutet, dass die Zielerreichung durch Messbarkeit überprüfbar ist

A attraktiv heißt, dass das Ziel ansprechend und erstrebenswert sein muss, damit die entsprechende

Energie zur Zielerreichung entfaltet wird

R das gesteckte Ziel sollte möglich und realisierbar sein und nicht reine Fantasie sein

T terminiert bedeutet einen Zeitpunkt festzulegen, bis zu dem das Ziel erreicht sein soll.

Der eine oder andere Leser denkt vielleicht auch an die AROMAFORMEL. Dabei handelt es sich lediglich um eine leichte Abwandlung der Smartformel:

A ussagefähig

R ealistisch

O bjektiv

M essbar

A nnehmbar

Ich arbeite mit meinen Mandanten zusätzlich mit dem Bild des Leuchtturms für das Ziel.

Ich bin bei der ganz besonderen Coach Erna Hüls einmal auf dieses Tool gestoßen und nutze es seither begeistert, da es WIRKT!

Und das funktioniert folgendermaßen: Du stellst Dir Dein Ziel - in diesem Fall nehmen wir jetzt mal das Beispiel eines glücklichen Trennungskindes – so groß und leuchtend vor wie einen Leuchtturm, an dem Du Deine Fahrtroute orientierst. Wenn Du Entscheidungen triffst, schaust Du immer auf den Leuchtturm. Der ist super für die Orientierung, da er größer ist als alles andere. Er ist etwas größer als die Probleme, die Dir verbildlicht als Steine in den Weg rollen. Du hebst einfach den Blick nach vorne oben auf den Leuchtturm und schon weißt Du, wie Du gehen musst: nämlich entweder um den Stein herum oder drüber klettern.

Begegnest Du dann Deinem Ex, der Dir irgendetwas (zutreffend oder nicht ist völlig egal) vorwirft, lächelst Du ohne zu provozieren und hältst einfach den Mund. Du gibst nicht den Erklärbär, denn Du möchtest ein glückliches Trennungskind, dessen Eltern sich nicht nutzlos streiten.

Ich verspreche Dir, es läuft!

Und hier ein kleines Video mit Erna, auf deren Kanal würde ich auf an Deiner Stelle auch mal stöbern. In diesem Fall wird sie von Caroline Schäfer aus Bonn interviewt, auch ein besonders heller Stern aus meinem Netzwerk https://www.youtube.com/watch?v=HPOm9RGR-0c. Wenn Du Dich manchmal fragst, was ich für schicke Klamotten trage, könnte sein, dass die von Caroline sind.

Du hast immer die Wa(h)l!

Tool 3: Do as if

Was soll DAS jetzt heißen?

! Triff Entscheidungen als die Person, die Du werden willst, um sie zu werden!

Diesen Post habe ich am 15.1.2019 an der Pinnwand der von mir sehr geschätzten Sonja Volk gelesen und spontan beschlossen: der kommt in mein Buch!

Sonja ist eine fantastische Mentalcoach mit einer riesengroßen Palette von Fähigkeiten. Sie hat mehrere Bestseller geschrieben und über sie findet man auch in der Presse sehr oft etwas. Ich bin glücklich, sie seit vielen Jahren persönlich zu kennen und dankbar, dass sie mir mit Hilfe ihrer Fähigkeiten geholfen hat, ein großes Hindernis auf meinem Lebensweg aus dem Weg zu räumen.

Das war so einer der ersten Momente, in denen ich begriffen habe, dass sich zwischen der Realität im Außen und der Realität in meinen Gedanken manchmal eine gigantische Gletscherspalte befinden kann. Hier der Link zu Ihrer Seite https://sonja-volk.com/

Also zünden wir die Rakete mal ganz langsam:

Stufe eins:

- Ein klares Ziel, z.B. ich fahre im Frühling 2019 für einen Monat an den Bodensee und hole für mich persönlich (Erholung; bereichernde Kontakte, Gesundheit, Spaß, Lachen) und geschäftlich bereichernde Interviews mit Mehrwert für meine Mandanten an wunderschönen Orten in der Natur, neue berufliche Kontakte aus allen möglichen Branchen, Walk & Talk auf der Mainau das Optimale aus dieser Zeit heraus.

Stufe zwei:

- Ich fühle diese Zeit mit jeder meiner ca. 100 Milliarden Zellen, als sei sie schon da; ich fühle mich, als sei ich schon da (Du solltest wissen, das kommt für mich dem Paradies schon ziemlich nah) Jetzt die Situation, in der ich entscheiden muss:

- Ich erhalte eine Anfrage für ein Trennungscoaching von wohlsituierten Eheleuten ohne Kinder, die mich unbedingt persönlich beauftragen möchten. Sie schildern ein brennendes Problem, das genau in dieser Zeit, wo ich am See und nicht hier – 500km davon entfernt - bin, gelöst werden muss.

- Sie meinen, dass das online nicht geht.

- Ich frage einige Parameter ab, die erforderlich sind, damit ich mit Freude mit den Menschen zusammenarbeiten kann und es passt zu 100 Prozent.

Die Überlegungen, die mein altes Ich anstellt, sind folgende:

- Doch versuchen den Termin zu verschieben.
- Meine Bodenseezeit unterbrechen.

- Den Auftrag rigoros ablehnen - ein klares Nein (Du erinnerst Dich? jedes Nein zu anderen ist ein Ja zu Dir…)

Wenn ich mir aber vorstelle, ich bin am See und ich fühle, was ich am See fühle, habe ich sofort eine Idee der ganz anderen Art (quasi aus einer ganz anderen Dimension (!))

- Ich frage die zukünftigen Mandanten, ob sie nicht für eine Woche an den Bodensee kommen und sich einen Kurzurlaub mit unendlichem Lösungspotenzial gönnen möchten.

Für die zukünftigen Mandanten ist dieses vielleicht eine revolutionäre Idee; vielleicht aber auch einfach eine Inspiration, die sie sofort in einen besseren Stimmungszustand versetzt, der es (siehe oben) auch ermöglicht viel bessere Entscheidungen zu treffen. Deshalb entscheiden sie sich vermutlich für mein Walk and Talk Coaching auf der Insel Mainau!

Ich habe eine WIN-WIN-Situation kreiert, beide Seiten verbinden nur Positives mit der Lösung.

Eine Lösung, auf die ich mit allen anderen Methoden nicht gekommen wäre.

Zufall?! Eher Können...

Du hast immer die Wa(h)l!

Tool 4: Frag Dich, warum?

Wenn ich eine glückliche Entscheidung treffen möchte, bediene ich mich auch einer der nützlichsten Gewohnheiten im Leben überhaupt, nämlich zu fragen, warum (will ich das überhaupt).

Wenn ich also zum Beispiel darüber nachdenke, zu kündigen, frage ich mich:

WARUM?

Überlege ich zu heiraten, frage ich mich:

WARUM?

Weiß ich nicht, ob ich in die Berge in den Urlaub fahren soll oder an die See, frage ich mich:

WARUM?

Dass die Warumfragen so hilfreich beim Entscheiden sind, liegt daran, dass sie unmittelbar Dein Unterbewusstsein und nicht in erster Linie Dein Gehirn ansprechen.

Da nach dem Eisbergprinzip jedoch im Unterbewusstsein ja mehr als 95 Prozent der Lösungen verborgen sind, macht es Sinn, dieses bis zur Lösungsfindung mit einzubeziehen und nicht nur die 5 Prozent zu nutzen, die aus dem Bereich des Bewusstseins, des Verstandes, kommen.

Fragst Du Dich also, warum Du heiraten sollst, so wird das Unterbewusstsein jeden Tag mindestens zehn Gründe dafür liefern.

Denn Deine Wahrnehmungsfilter für das, was Du hörst und siehst, wird durch die Warum-Frage neu justiert.

Du erinnerst Dich vielleicht an die Situation, dass Du Dir mal ein bestimmtes Auto kaufen wolltest und sobald Du dieses Auto im Kopf hattest, kam es Dir so vor, als ob es auf einmal viel mehr von diesen Autos auf den Straßen gäbe?

In Wirklichkeit war das natürlich nicht so, sondern Dein Filter war einfach anders eingestellt.

Dazu solltest Du wissen, dass Du von den Dingern, die es da draußen gibt, höchstens fünf Prozent wahrnimmst und diese fünf Prozent sich eben danach, richten, wie Dein Aufmerksamkeitsfilter eingestellt ist.

Vielleicht kennst Du auch dieses Experiment, dass eine größere Gruppe gebeten wird, sich in einem Raum umzuschauen und sich alle Gegenstände in der Farbe rot zu merken und dann die Augen zu schließen. Nach einer Zeitspanne von 30 Sekunden werden die Teilnehmer der Gruppe gefragt, welche blauen Gegenstände sie gesehen haben.

Das werden nicht viele sein. Wäre der Aufmerksamkeitsfilter zuvor allerdings auf die blauen Gegenstände statt auf die roten gerichtet worden, hätten sie zweifellos viel mehr Dinge aufzählen können.

Diese Arbeitsweise Deines Bewusst- und Unterbewusstseins kannst Du Dir auch beim Entscheiden zu Nutze machen.

Überprüfe das einmal, indem Du Dich mit einem Freund/ einer Freundin an einen Ort setzt und Ihr hört und schaut Euch einmal fünf Minuten um und berichtet einander dann, was Ihr gesehen habt. Ihr werdet Euch wundern, wie unterschiedlich Eure Wahrnehmungen sind!

Dieser Aspekt ist für erfolgreiche Kommunikation sehr wichtig.

Du hast immer die Wa(h)l!

Tool 5: Neun Runden über den Tod

https://www.youtube.com/watch?v=CGrZrTAHycw

1. Du kannst dem Tod nicht entkommen. Niemand vor Dir hat das je geschafft. Und fast keiner der 7 Milliarden Menschen, die heute die Erde bevölkern, wird in 100 Jahren noch leben.

2. Dein Leben ist fest begrenzt. Jede Sekunde bringt Dich näher an sein Ende. Du stirbst, sobald Du geboren wirst.

3. Dein Tod kommt plötzlich und unerwartet. Leben und Tod trennt nur ein einziger Atemzug.

4. Wann Du stirbst ist ungewiss. Junge Menschenkönnen vor alten sterben, gesunde vor kranken.

5. Die Ursache Deines Todes ist ungewiss. Auch Dinge, die unser Leben ermöglichen oder leichter machen, können Dich umbringen: Nahrungsmittel, Autos, Eigentum.

6. Dein Körper ist anfällig. Krankheiten, Gifte, Unfälle können ihn schnell zerstören.

7. Deine weltlichen Besitztümer werden Dir nicht helfen.

8. Deine Familie und Deine Freunde können wederDeinen Tod aufhalten, noch mit Dir gehen.

9. Du wirst Deinen Körper zurücklassen als leere Hülle.

   Das einzige, das Du auf diese Reise mitnimmst, ist Deine persönliche Entwicklung.

Du hast immer die Wa(h)l!

Tool 6: Visionboard

Ein ganz wunderbares Tool, das ich seit Jahren nutze, ist das sogenannte Vision - oder Dreamboard oder die Traumwand.

Unser Unterbewusstsein, von dem wir schon wissen, dass es überwiegend für unsere Entscheidungen verantwortlich ist, arbeitet nämlich mit Bildern. Sowohl Träume als auch Erinnerungen sind dort als Bilder abgespeichert.

Wenn wir unsere Ziele mit einem Bild versehen und uns dieses Bild möglichst oft vor Augen halten, wandert es ins Unterbewusstsein. Wenn dann eine Entscheidung ansteht, holt das Gehirn dieses Bild als Zielvorstellung an die Oberfläche und trifft entsprechend die Entscheidung.

Mein Visionboard hängt im Büro und ich arbeite auch mit meinen Mandanten sehr erfolgreich und mit viel Freude und Spaß mit diesem Tool. Für mich ist ein glückliches Lebensgefühl mit Begeisterung und Freude wichtig bei meiner Arbeit, denn meine Mandanten haben anstrengende Aufgaben zu lösen. Humor und Freude erleichtert diese Arbeit nach meiner Erfahrung sehr.

Hier der Link zu einem Video, das ich zu diesem Thema einmal veröffentlicht habe. Überhaupt lohnt sicher der Gang auf meinen YouTube Kanal, wo Du über 260 inspirierende Videos findest: https://www.youtube.com/watch?v=8NfF-HCx72Q.

Du hast immer die Wa(h)l!

Tool 7: Das Sahnehäubchen

Willst Du es positiv benennen oder negativ?

Entscheide jetzt!

Alternative eins:

Sei (endlich) gnadenlos ehrlich zu Dir selbst!

Alternative zwei:

Hör auf, Dich selbst zu bescheissen!

Wie auch immer Du es bezeichnest: Ohne dieses Sahnehäubchen schmeckt der Entscheidungskuchen niemals!

Ich bin in meiner Praxis und oft auch sonst täglich immer wieder von Menschen umgeben, die sich dauernd etwas vormachen; die eine Maske tragen und schon völlig vergessen haben, wer sie sind; die Erwartungen anderer mit Volldampf erfüllen und sich wundern, wenn sie im Burnout landen.

Viele haben wirklich den Schuss noch nicht gehört!

„Ich bin so erzogen worden“, sagen sie mir, wenn ich die

Folgen ihrer Entscheidungen aus der Welt schaffen soll. Kann man so machen, muss und sollte man aber nicht und Frau auch nicht!

Denn wenn Du das Dein Leben lang als Entschuldigung nimmst, Dich nicht mal ernsthaft mit Dir und Deinen Bedürfnissen zu beschäftigen...ok, dann mach` das; dann sag aber bitte NIEMANDEM, dass Du mein Buch gelesen hast!

Wer etwas will, findet Wege, wer etwas nicht will, findet Ausreden.

Hast Du den Spruch schon einmal gehört?

UMSETZERTIPP:

Lass mal drei Monate den Mist mit den Ausreden zu 100% und sei gnadenlos ehrlich mit und zu Dir selbst. Ich höre schon Deine Empörung: aber das bin ich doch!

Nein, bist Du nicht.

Niemand ist immer ehrlich zu sich; denn dann würden alle für ihre Entscheidungen immer gerne die Verantwortung übernehmen.

Und? Tun sie das?

Ganz klar, nein.

Zwar übernehmen die meisten gerne die Verantwortung für ihre gelungenen Entscheidungen; aber für die Fehlentscheidungen werden lieber andere Verantwortliche gesucht; da wird gerne Schuld verschoben.

Dieses unangenehme Verhalten brauchst Du allerdings nicht, wenn Du Dich nicht mehr länger belügst!

Wie finde ich denn nun heraus, ob ich mich überhaupt selbst besch…?

Oft habe ich nämlich in meiner Praxis festgestellt: die Betroffenen merken schon gar nicht mehr, dass sie nicht mehr „ganz echt sind"…

Mein Tipp ist: Wenn Du eine Entscheidung treffen willst, frage immer nach dem WARUM!

Zurück zu Tool 4!

Du hast immer die Wa(h)l!

Exkurs: Scheidung ohne Ent-

Eine Entscheidung, mit der sich besonders die, in meinen Augen, sehr leidensfähigen Frauen, schwertun, ist die Trennung, d.h. die Entscheidung, eine Beziehung und eine Ehe endgültig zu beenden.

Hier spielen alle möglichen verschiedenen Gefühlsebenen eine Rolle. Sehr viele verletzte innere Kinder sind unterwegs, unsere Vergangenheit zum Thema Beziehungen und Trennung, die wir im Elternhaus erlebt haben, holt uns wieder ein, große Existenzängste kommen an die Oberfläche und auf allen Stirnen steht die Frage: Mache ich das jetzt gerade richtig?

Nach meinen 30 Jahren Erfahrung als Familienanwältin kann ich sagen, dass weit mehr als die Hälfte der Menschen, denen ich bei ihrer Trennung Unterstützung gewährt habe, oft schon im ersten Termin, in jedem Fall aber später, gesagt haben: Hätte ich doch früher entschieden, mich zu trennen. Wenn ich gewusst hätte, wie einfach und konfliktfrei eine Trennung möglich ist, hätte ich mich viel früher getrennt und mich nicht so lange gequält. Ich habe wirklich nicht gewusst, dass dies den Kindern schaden kann. Ich dachte, Kinder brauchen beide Eltern. Dass das nicht an einem Ort sein muss, habe ich nicht bedacht.

Ich möchte hier auf keinen Fall den Eindruck erwecken, als sei mir daran gelegen, dass möglichst viele Entscheidungen für eine Trennung oder Scheidung getroffen werden. Im Gegenteil arbeite ich hier mit den Mandanten an völlig individuellen Lösungen. Das ist nicht immer eine Scheidung; wie meine tägliche Praxis zeigt, haben die meisten die zahlreichen Alternativen überhaupt nicht auf dem Schirm.

Mir ist es wichtig, in diesem Zusammenhang mein Hörbuch „Glückliche Trennungskinder" noch viel viel weiter zu verbreiten, damit noch viel mehr Eltern es schaffen, ihrem Ego im Interesse der Kinder eine Abfuhr zu erteilen.

Wenn Eltern das tun, sind sie ohne Probleme auf Dauer mit ein wenig Anleitung und Begleitung in der Lage, für ihre Kinder auch **getrennt aber vereint** an einem Strang ziehend, da zu sein.

Glückliche Trennungskinder führen später auch glückliche Beziehungen…

Buchtipp: Thomas Meyer - Trennt Euch
http://sylvia.sx/Trennt

Was hält Dich von der Entscheidung ab?

1) Angst

Der größte Fehler, den man im Leben machen kann, ist, immer Angst zu haben, einen Fehler zu machen. (Dietrich Bonhoeffer)

Angst ist ein diffuses, in jedem Fall unangenehmes Gefühl, das mich lähmt und vom Handeln abhält. Es kann zum Teil angeboren und zum Teil erlernt sein. Es kann mit Schweißausbrüchen und Herzrasen verbunden sein. Die Gedanken drehen sich im Wesentlichen darum, was alles schiefgehen kann und wir können den Wunsch haben, aus der Situation zu flüchten.

Meist suchen wir gegen die Angst einen mentalen Sicherheitsgurt.

DA! DENKANSTOß!

Das englische decision (Entscheidung) kommt aus dem lateinisch de caudere – von etwas abschneiden; die

Verbindung kappen!

Die gute Nachricht ist, dass jede Art von Angst nicht nur erlernt, sondern auch verlernt werden kann! Dazu habe ich in einem Beitrag meines ehemaligen Masterminders Sebastian Schild eine von ihm entwickelte ZEHNSCHRITTESTRATEGIE zum Überwinden von Angst gefunden, die ich mit seiner ausdrücklichen Genehmigung an dieser Stelle weitergeben darf.

Hier erst einmal unser Erklärvideo dazu, was eine Mastermindgruppe ist:
https://www.youtube.com/watch?v=mlTAvlvFJQM

Ich habe Sebastian im Zuge eines der zahlreichen Persönlichkeitsbildungsseminare, die ich besucht habe, kennengelernt. Ein sehr interessanter junger Mann, der durch einen Unfall querschnittsgelähmt wurde und nicht den Kopf in den Sand gesteckt hat, sondern aus dem Schlimmen, das ihm passiert ist, eine Speakerkarriere kreiert hat. Ich bewundere ihn unendlich und empfehle Dir unbedingt einmal einen Besuch auf seiner Seite https://sebastian-p-schild.com/.

Und hier nun die zehn Schritte:

1. Annehmen durch Benennen der Angst

   Ich habe Angst vor...

2. Ist das wirklich wahr?

   Kann das, was ich mir ausmale, tatsächlich so schlimm eintreten?

3. Positive Absicht der Angst erkennen

   Wovor will sie mich schützen - wofür ist sie dienlich?

4. Ich bin gut so wie ich bin

   Was sind deine Stärken und Talente? Was gelingt Dir besser als anderen und geht Dir leicht von der Hand? Was mögen andere Menschen an Dir?

5. Fokus auf langfristige Ziele

   Was ist dir wirklich wichtig im Leben? Was willst du erleben/erreichen?

6. Was verliere ich, wenn die Angst gewinnt?

   Was kostest es mich langfristig – emotional gesundheitlich und finanziell?

7. Chancen sehen

   Was kann alles Gutes passieren? Wer profitiert davon?

8. Triff eine Entscheidung dafür...

   Triff bewusst die Entscheidung. Was machst Du im schlimmsten Fall? Und dann? Und dann?

   So brichst Du die Angst auf ein Minimum herunter.

   Mache Dir einen Schritt – für – Schritt - Plan, was als nächstes zu tun ist.

9. Tun trotz Angst

Mut ist nicht die Abwesenheit von Angst, Mut ist, etwas zu tun trotz Angst.

10. Referenzerfahrung

Hast du so eine ähnliche Situation schon mal gemeistert? Wie hast Du das gemacht? Was hat Dir dabei geholfen?

Hat jemand anderes so eine Situation schon mal gemeistert? Was hat er gemacht?

Wie würde mein Vorbild so eine Situation meistern?

Überhaupt ist es eine gute Technik, sich bei Schwierigkeiten aller Art im Leben Fragen zu stellen, anstatt mit seinem Schicksal zu hadern.

Es macht also wenig Sinn zu fragen, warum immer ich? Wesentlich erfolgversprechender ist, sich zum Beispiel zu fragen: Was kann ich ändern, damit es nicht wieder passiert?

Kennst Du übrigens die einfachste Jagdart von allen: Das ist die Jagd nach Sündenböcken; denn Mut ist deutlich anstrengender als die Suche nach Sündenböcken.

Für den besseren Umgang mit Angst empfehle ich meinen Mandanten auch die sogenannte Salamitechnik.

Angst haben wir meistens vor Dingen, die für uns eine Nummer zu groß sind.

Nehmen wir zum Beispiel die Entscheidung, umzuziehen.

Das ist eine folgenschwere Entscheidung mit vielen Konsequenzen und kann uns deshalb Angst machen.

Wenn wir aber (deswegen Salamitechnik) die anstehende Aufgabe in kleine Scheiben teilen, sind die Hürden, die sich vor uns aufbauen, wesentlich niedriger.

Wenn ich zum Beispiel einzeln überlege, wie finde ich eine Wohnung, wo finde ich Arbeit, gibt es eine Schule für die Kinder usw., so komme ich dank dieser kleineren Aufgaben deutlich schneller ins Tun und nur das hilft ja, um die Angst zu überwinden.

DA! DENKANSTOß!

Die Geschichte von der Kur mit Mehrwert

Es war einmal ein sehr kranker und sehr dicker Mann. Er aß seit Jahren ganz schrecklich gern. Egal ob Süßes oder salzige Speisen, das Essen machte ihn einfach glücklich.

Obwohl er sehr reich war, besaß er keine Krankenversicherung.

Eines Tages fiel er um wie ein Baum; er hatte einen Herzinfarkt.

Im Krankenhaus sagte man ihm, wenn er so weiter mache, würde er den Jahreswechsel nicht erleben.

Der Arzt empfahl eine Kur mit Mehrwert, also nicht nur zur Erholung und Beseitigung der Symptome, sondern auch zur Ursachenforschung, Ernährungsumstellung und zum Erlernen neuer hilfreicher Verhaltensweisen, damit sich ein solches Geschehen nicht wiederholen würde.

Da der kranke Mann es sich leisten konnte, stimmte er zu.

Eine passende Klinik wurde ausgesucht. Da er Selbstzahler im Premiumbereich war, musste er auch nicht lange warten und es konnte losgehen. Das Kurhotel gefiel dem kranken Mann sehr gut. Das Zimmer war groß und hell und wurde von angenehmer Musik beschallt. Jeden Tag gab es frische Blumen und das Personal war freundlich.

Im Untergeschoss befand sich ein großes, sauberes Schwimmbad mit Saunabereich und ein Fitnessraum mit allerlei Geräten, die der kranke Mann noch nie gesehen hatte.

Nachdem er sich das alles angeschaut hatte, fand auch schon die erste Ablaufbesprechung statt. Was da alles auf ihn zukommen sollte, da wurde ihm schon ein wenig mulmig; teilweise konnte er mit den Dingen gar nichts anfangen und viele Maßnahmen hielt er schlicht für überflüssig.

Was ging es die Ärzte an, womit ihn seine Mutter in der Kindheit belohnt hatte?

Warum sollte er jeden Tag eine Stunde herumsitzen oder herumliegen, ohne etwas zu tun.

Also weder lesen, noch Fernsehen, geschweige denn dabei Chips oder Kuchen essen?

Er sagte dem Arzt kräftig seine Meinung und erlebte etwas, das für ihn neu war; nämlich keinen Widerspruch, sondern nur eine Frage: wenn Sie das alles nicht wollen, warum haben sie dann das Mehrwertpaket gebucht?

Da antwortete der Mann: „Natürlich will ich immer das Beste für mein Geld und da kann ich wohl auch erwarten, dass das getan wird, was ich sage." Der Arzt fragte weiter: „Sind Sie denn nicht hier wegen dem was SIE in der Vergangenheit getan haben? Sind sie vielleicht durch das (Ess-)Verhalten anderer Menschen krank geworden?"

Der kranke Mann antwortete, schon etwas kleinlauter: „Was hat das denn damit zu tun?"

Der Arzt erklärte ihm stolz, dass er mit seinen Kollegen über Jahre hinweg aus den jahrzehntelangen Erfahrungen mit vielen dicken, kranken Menschen ein einzigartiges Verfahren entwickelt hatte, diesen Menschen nicht nur ihre Gesundheit wiederzugeben, sondern sie darüber hinaus zu lehren, wie sie sie dauerhaft erhalten konnten und wie sie dies an andere weitergeben konnten.

Der Arzt schlug ihm vor, sich für einen Monat auf die Sache einzulassen und Dinge ständig zu hinterfragen. Nach diesem Monat könne er dann entscheiden, ob der Erfolg ihn zum Weitermachen veranlasse. Es herrsche jedoch ein strenger

Ehrenkodex, nämlich 100 Prozent Pünktlichkeit, 100 Prozent Ehrlichkeit und 100 Prozent Offenheit.

Es gefiel dem dicken Mann gar nicht, dass er so viele Masken fallen lassen sollte und seine alten, lieb gewonnenen Verhaltensweisen durch andere ersetzen sollte.

Er dachte sich aber andererseits auch, dass eine Krankheit vielleicht genau diesen Sinn hatte, ihm zu zeigen: Bis hierher und nicht weiter!

Er beschloss daher, sich auf das Experiment einzulassen. Da er ja auch viel Geld bezahlt hatte, entschloss er sich darüber hinaus nicht nur 100 Prozent zu geben, sondern sich auch immer zu fragen: „Was kann ich jetzt noch besser machen?"

Nachdem ein Monat vergangen war, fühlte sich der kranke Mann deutlich besser; er war beweglicher, bekam besser Luft, hatte bessere Kondition und vor allem viel bessere Laune und Spaß mit den anderen Teilnehmern.

Der zusätzliche Austausch mit den „Leidensgenossen" hatte ihm auch viel Mehrwert gebracht; denn er war so schlau, sich nicht mit den Jammerern zu unterhalten, sondern mit denen, die schon viel weiter waren als er,

Erfolge erzielt hatten und begeistert darüber berichteten. Er war so dankbar, es versucht zu haben; denn er konnte sich am Anfang nicht wirklich vorstellen, dass das Konzept Sinn machte.

Aber Entscheidungen trifft man ja immer nur aufgrund bisheriger eigener Erfahrungen und MUT.

Mit genau einem solchen Ehrenkodex arbeite ich hier übrigens auch mit meinen Mandanten. Wir haben damit allerbeste Erfahrungen gemacht.

2) Verschieberitis

Verschieberitis ist quasi die Vorstufe vor der Entscheidung. Wie das Wort schon sagt, schiebst Du die Entscheidung auf und triffst sie eben (noch) nicht.

Wir schieben eine Entscheidung, weil wir alles richtig und nichts falsch machen möchten.

Dabei verkennen wir, dass es von wenigen Ausnahmen abgesehen, bei Entscheidungen gar kein richtig oder falsch gibt. Nur die Folgen sind anders, je nachdem wie man entschieden hat. Wichtig ist aber, dass man überhaupt entscheidet. Nichtstun bedeutet nicht nur Stillstand, sondern birgt darüber hinaus das Potenzial für schlimmere Verletzungen und Rückschritt.

Dennoch ist Verschieberitis ein sehr weit verbreitetes Phänomen und mein Coachkollege Ernst Crameri aus der Schweiz hat darüber sogar ein ganzes, sehr lesenswertes Buch geschrieben.

Hier der Link zum Buch:
https://www.buecher.de/shop/buecher/hast-du-auchdiese-schlimme-krankheit-verschieberitis/crameri-ernst/products_products/detail/prod_id/34012163/.

Für Verschieberitis gibt es sogar ein Fremdwort, das Du vielleicht schon einmal gehört hast: Prokrastination.

Ich glaube, dass das nicht wirklich eine Ursache für`s Nicht- Entscheiden ist, sondern nur eine andere Erscheinungsform.

Die wirkliche Ursache, die dahinter steckt, ist der verdammt hohe Anspruch, den wir entweder an uns selber stellen, oder dem wir für andere gerecht werden möchten.

Wir möchten alles möglichst perfekt machen!

Ich habe in meinem Leben schon hunderte wenn nicht tausende Projekte von außen betrachten dürfen und mich genauso oft gefragt, warum die Menschen mit ihren tollen Ideen nicht rauskommen und sie in die Welt bringen.

Ich kann mich nicht erinnern, von wie vielen neuen Webseiten ich in meinem Netzwerk gehört habe, die teilweise über Jahre entstanden sind und zum Teil niemals „on" gegangen sind.

Solltest Du unter diesem Syndrom leiden, so kann ich Dich total beruhigen: Beim Entscheiden ist nichts schlimmer als warten!

Sollte sich später herausstellen, dass es keine gute Entscheidung war, änderst Du sie eben.

Es geht theoretisch ganz einfach, wenn man einmal von einem wirklich doofen Programm, das wir

„eingebaut haben", absieht: Das lässt uns nämlich eine einmal getroffene Entscheidung nur äußerst selten zurücknehmen. Wir erfinden sogar wohl wissend, dass die Entscheidung falsch war, noch Gründe dafür, warum sie richtig war....

Das ist absolut paradox und trägt den Namen sekundäre Rationalisierung. Es gibt fälschliche Sicherheit und hilft gegen Zweifel und Selbstbetrug für Fortgeschrittene! Aber Du weißt das jetzt und tappst nicht mehr in diese Falle.

DA! DENKANSTOß!

Sicherheit bedeutet nicht immer, zu wissen, was passieren wird. Sicherheit bedeutet, die Wellen (Veränderungen) perfekt zu surfen.

3) Glaubenssätze

DA! DENKANSTOẞ!

Eine kleine Geschichte

DIE ZWEI WÖLFE

Abends am Lagerfeuer erzählte ein alter Indianer seinem Enkelsohn von einem Kampf, der in seinem Inneren tobt.

Er sagte: „Mein Sohn, dieser Kampf wird von zwei Wölfen ausgefochten, die in jedem von uns wohnen.

Der eine Wolf ist böse:

Er ist der Zorn, der Neid, die Eifersucht, die Sorgen, der Schmerz, die Gier, die Arroganz, das Selbstmitleid, die Schuld, die Vorurteile, die Minderwertigkeitsgefühle, die Lügen, der falsche Stolz und das Ego.

Der andere Wolf ist gut.

Er ist die Freude, der Friede, die Liebe, die Hoffnung, die Heiterkeit, die Demut, die Güte, das Wohlwollen, die Zuneigung, die Großzügigkeit, die Aufrichtigkeit, das Mitgefühl und der Glaube.“

Sein Enkel dachte einige Zeit über die Worte des Großvaters nach und fragte dann: „Und welcher der beiden Wölfe gewinnt den Kampf?"

Der alte Cherokee antwortete: „Der den du fütterst!" Will heissen:

Diese Geschichte spiegelt die Essenz eines Spruches von Henry Ford:

Ob Du denkst, Du kannst es, oder Du kannst es nicht: Du wirst auf jeden Fall recht behalten.

Egal, was Du glaubst, ob Du es schaffen oder nicht schaffen wirst, Du wirst immer recht behalten.

Denn das, was Du glaubst, fütterst Du Tag für Tag, Du machst es stärker und mächtiger.

Denn in das, was Du glaubst, gibst Du Deine Energie; darauf legst Du Deinen Fokus. Und somit wird sich das, was Du glaubst, immer wieder bestätigen.

Allerdings gibt es da noch ein paar Feinheiten, was den eigenen Glauben angeht und die Du kennen solltest, wenn Deine Entscheidungen Dich auf Dauer nachhaltig glücklich machen sollen:

Mit Sicherheit kennst Du auch folgende Situation: Du möchtest ein Ziel erreichen und entscheidest, das Notwendige zu tun. Du hältst es eine Weile durch und dann „fällst Du auf einmal doch von Deiner eigenen Fahne", obwohl Du doch sooo entschlossen warst.

Ursache für Dein Aufgeben könnte zum Beispiel ein Glaubenssatz gewesen sein. Einer wie z.B.: Ich hab das schon so oft probiert, ich schaffe das sowieso nicht…

Oder Du möchtest eine besondere Fortbildung für Deinen Beruf machen und als Du den Preis erfährst, denkst Du sofort: Das kann ich mir nicht leisten.

Wir alle haben in uns derartig viele Glaubenssätze, die uns täglich behindern, in unser volles Potenzial zu kommen, dass es echt kaum zu fassen ist.

Ich präsentiere Dir hier nur mal eine kleine Auswahl.

- Aus mir wird eh nichts.
- Da ist doch ein Haken an der Sache.
- Dafür bin ich zu alt.
- Das begreife ich nie.
- Das darf ich nicht.
- Das darf keiner von mir erfahren.

Du kannst selber einmal in Dich hinein fühlen, was davon vielleicht in Dir wirken könnte.

Vielleicht hast Du Dich ja auch selbst schon mal erfolgreich mit diesem Thema beschäftigt und kannst anderen dabei helfen.

Das Problem mit diesen „Dingern“ ist nämlich, dass wir mit unserem herausragenden Verstand hervorragende Entscheidungen treffen können und zwar in unserem „Oberstübchen“ und wenn wir dann ans Umsetzen gehen, meldet sich plötzlich unser Unterbewusstsein zu Wort und bricht den Tatendrang aus dem Oberstübchen scheinbar EINFACH SO ab.

Glaubenssätze sind versteinerte Ausreden!

Ich kann mich an Situationen in meinem Leben erinnern wo ich dachte: Das gibt es doch nicht! Du bist doch nicht blöd! Wieso ziehst Du das jetzt nicht durch?

Das liegt daran, dass wir tatsächlich unsere Entscheidungen nur zu fünf Prozent mit dem Verstand treffen und 95 Prozent unseres Erfolges, also die Realisierung unserer Entscheidungen, durch unser Unterbewusstsein gesteuert wird.

Du kannst Dir das so ähnlich vorstellen wie die Geschichte mit dem Eisberg, den die Titanic gerammt hat.

Fünf Prozent waren oberhalb des Wassers sichtbar, die restlichen 95 Prozent waren unter der Wasseroberfläche. Der Kapitän hat die Situation völlig falsch eingeschätzt und eine falsche Entscheidung getroffen.

Ähnliches passierte mir immer wieder.

Deswegen war ich superglücklich, als ich erkannt habe, dass ich völlig normal bin und dass es den meisten Menschen so geht.

Und dass es, wenn man die Wurzel des Übels einmal bewusst erkannt hat, gute Methoden gibt, dieses unangenehme Scheitern zu vermeiden.

Wenn ich mir nämlich bewusst werde, dass da gerade ein Glaubenssatz aus dem Unterbewusstsein an der Arbeit ist, habe ich wie immer Stufe eins für die Lösung schon erreicht.

Jetzt brauche ich nur noch eine Technik, um diesen Glaubenssatz zu lösen.

Dazu gibt es sehr viele Vorschläge in der Literatur und im Netz. Wenn Du anfängst zu suchen, wirst Du eine Weile beschäftigt sein.

Ich persönlich habe eine Lieblingstechnik, für die ich nach einiger Übung keine Menschen zur Unterstützung und auch keinerlei Hilfsmittel brauche.

Ich arbeite mit der Methode“ The Work“ von der amerikanischen Trainerin Byron Katie.

Als ich das erste Buch zu diesem Thema von Byron Katie in den Händen hielt, habe ich das Ganze wirklich wirklich versuchen wollen, aber überhaupt nicht verstanden, was mich sehr frustriert hat.

Grundsätzlich gehe ich davon aus, dass ich durchschnittlich intelligent bin und wenn mir

Menschen sagen, das ist eine Supertechnik und ich das nicht kapiere, bin ich schon sehr frustriert.

Anders als sonst in ähnlichen Situationen, habe ich mich damals nicht vertieft, sondern erst einmal auf einen anderen Lösungsweg gemacht.

Und vielleicht kennst Du das ja auch aus Deinem Leben: Irgendetwas richtig Gutes fällt Dir vor die Füße aber die Zeit ist für Dich noch nicht reif und Jahre später kommt es dann wieder in anderer Form und begeistert Dich total.

Wer mich kennt, weiß, dass ich für die einfachen Lösungen stehe und gehe.

Und diese Technik ist wirklich einfach.

Ich glaube einfach, dass die Erklärungen in dem Buch, das ich damals zur Hand genommen hatte für meinen spirituellen Horizont oder meinen Weg der Selbsterkenntnis noch auf einem zu hohen Level waren, so dass ich sie nicht umsetzen konnte.

Jetzt hat allerdings eine Trainerin für THE WORK im Jahre 2017 ein fantastisches Buch herausgebracht mit dem neugierig machenden Titel:

„Ich will mich ja selbst lieben, aber muss ich mich dafür ändern?"

Ina Rudolph ist es entweder gelungen in einfache Worte zu fassen, was ich vorher nicht verstanden habe oder ich bin inzwischen einfach reif zu verstehen.

Letztlich ist das aber völlig egal. Denn seit es dieses Buch gibt, arbeite ich mit meinen Mandanten damit und es war noch keiner dabei, der den Charme der angebotenen Lösung nicht sofort verstanden hat und für sich umsetzen konnte.

Daher reiße ich das Thema hier kurz an und empfehle Dir dann das tolle Buch von Ina Rudolph. Übrigens ist für mich in diesem Buch das faszinierendste Kapitel das über Kindererziehung. In diesem Bereich sind wir ja mit (un-)gesundem Halbwissen gefüllt bis zum Anschlag, wie mir meine tägliche Praxis als Familienanwältin spiegelt. Mein Lieblingsabschnitt in dem Buch dazu ist überschrieben mit „Was ist meine Angelegenheit?“

Wenn Dich das jetzt triggert, kann ich Dir nur empfehlen, dieses Buch zu lesen und umzusetzen. Es wird Dir nachhaltig helfen!

Die Methode arbeitet mit vier einfachen Fragen, die Du Dir stellen darfst, wenn Du Dir eines Glaubenssatzes bewusst geworden bist.

Die Fragen lauten:

1. Ist das wahr?

2. Kann ich mit absoluter Sicherheit wissen, dass es wahr ist?

3. Wie reagiere ich, was passiert, wenn ich diesen Gedanken glaube?

4. Wer wäre ich ohne den Gedanken?

Und jetzt das Tollste, nämlich ein Gedankenspiel: dreh den Gedanken einfach um!

Und dann such` einfach mal ehrliche Beispiele dafür, dass dieser umgedrehte Gedanke in Deinem Leben auch schon Wahrheit war.

Beispiel aus der Praxis:

Du möchtest gern einen besonderen Wunschkunden anziehen. Du glaubst, dass Du für ihn die perfekte Lösung hast, die er auch gerade braucht.

Du sagst Dir aber: ich kann das nicht, ich schaffe das nicht! (Hintergedanke: das ist nicht meine Liga...)

Frage 1: Ist das wahr?

> In der Regel wird bei diesem Glaubenssatz sehr deutlich, dass er total ausbremst!
>
> Indem ich mir sage, ich schaffe das sowieso nicht, blockiere ich jegliche Gedanken in Richtung auf die Lösung.

Frage 2: Kann ich mit absoluter Sicherheit wissen, dass es wahr ist?

Wenn ich etwas Ähnliches noch nie versucht habe, kann ich in der Regel auch nicht wirklich wissen, ob das wahr ist – PUNKT!

Mein Tipp ist, einmal tief in Deiner Erinnerung zu forschen, was Du schon so alles geschafft hast. Manchmal findet man nämlich Dinge, die einem beweisen, dass man nicht mit absoluter Sicherheit wissen kann, dass es wahr ist, was man da gerade glaubt.

Wenn ich es nicht genau weiß, hilft mir in ähnlichen Situationen auch immer der lustige Glaubenssatz:

VERSUCH MACHT KLUCH

Frage 3: Wie reagiere ich, was passiert, wenn ich diesen Gedanken glaube?

Wenn ich glaube, dass ich etwas nicht schaffe, ist die Luft raus. Ich fühle mich mies, entmutigt, verzweifelt. Manchmal ist es sogar so, dass sich dieser Glaube auch noch auf andere Lebensbereiche negativ auswirkt.

Frage 4: Wer wäre ich ohne den Gedanken?

Das ist die Frage, die ich in dem ursprünglichen Buch von Byron Katie am wenigsten verstanden habe; dabei fehlte mir nur eine richtige Erklärung.

Bei dieser Frage geht es um die Sicht auf Dich in der Situation „von oben“, also losgelöst vom Glaubenssatz.

Hier wäre ich also eine Frau mit einer Lösung für ein Problem, das einen Menschen sehr bedrückt.

Wahrlich nichts Schlimmes also, was schlechte Gefühle verursachen könnte. Einfach eine Situation der Untätigkeit.

Und jetzt wird es spannend:

Ich drehe den Glaubenssatz um und sage mir: Ich kann das und ich schaffe das.

Wenn ich diese Situation in meinem Kopf ablaufen lasse, werde ich sofort von positiven Gefühlen geflutet und mein Unterbewusstsein, also der große Teil des Eisbergs ;-) fängt an, in seinem Riesenpotenzial nach Lösungen zu suchen, warum ich das kann und schaffe.

Der Fokus geht weg vom Problem und hin zur Lösung!

Das ist absolute Magie!

Ich versichere Dir, Du wirst in jeder Situation nicht nur ein Beispiel finden.

Und das ist das Faszinierende an diesem System für mich. Dir werden keine Lösungen präsentiert, die Du in die Kategorien richtig und falsch einordnen kannst und es gibt keine guten Ratschläge oder Tipps.

„Du zapfst mit dieser Methode Deine eigene Weisheit an. Das führt zu Klarheit, Frieden und echtem Selbstbewusstsein.“ – Ina Rudolph

Von Anfang an, wo Du mit dieser Methode arbeitest, kannst Du alles, was Dir Stress macht, hinterfragen.

Ich habe irgendwann einen Punkt erreicht, wo es mir richtig Spaß machte, alles, was ich bisher geglaubt hatte, infrage zu stellen.

Zuerst war ich zutiefst erschrocken, auf welch schmalen Gleisen ich bisher in meinem Leben unterwegs war (immerhin 57 Jahre damals ;-)).

Dann habe ich mich darauf besonnen, dass ich die Vergangenheit ja nicht ändern kann, aber begeistert mitdieser neuen Technik in die Zukunft durchstarten kann.

In meiner Praxis gibt es keinen, der kommt und mich um Hilfe bittet, der nicht mindestens einen Glaubenssatz hat, der ihn in seinem Leben total behindert.

Selbst wenn ich das juristische Problem, das an mich herangetragen wird, einmal nicht lösen könnte, könnte ich allein mithilfe dieses Tools JEDEN Mandanten, der unglücklich kam, voller Hoffnung grinsend verabschieden.

Ich bin sehr dankbar, dass ich, weil ich mich auf meinen eigenen Persönlichkeitsbildungsweg begeben habe, so viele Methoden wie diese lernen durfte, mit denen ich meinen Mandanten einfach helfen kann, Ihr Leben klarer, zufriedener und entspannter mit deutlich mehr Freude als zuvor zu leben.

ES DARF LEICHT SEIN!

Und immer an die Frage denken:

„Darf es noch ein bisschen mehr sein?“

Und nach so viel negativer Energie: Glaubenssätze können auch positiv wirken, indem sie uns helfen. Wenn ich z.B. glaube, dass ich ein pünktlicher Mensch bin, muss ich nicht lange überlegen, um welche Uhrzeit ich losfahre, wenn ich zu einem Termin rechtzeitig erscheinen möchte

Zur Vertiefung:

Hörtipp: Podcast von Laura Seiler
https://www.youtube.com/watch?v=dRaZjnBXjp8

Buchtipp: Ina Rudolph - Ich will mich ja selbst lieben... http://sylvia.sx/Ina

Wenn Du übrigens jeden Tag Deine neuen, positiven Überzeugungen in Dein Leben integrierst, wird das Leben Dir immer mehr Beweise liefern, dass Du Recht hast.

Egal, was du glaubst, du wirst Recht behalten. Denn das, was du glaubst, fütterst du Tag für Tag, du machst es stärker und mächtiger. Denn in das, was du glaubst, gibst du deine Energie; darauf legst Du Deinen Fokus. Und somit wird sich das, was Du glaubst, immer wieder bestätigen.

Du kannst Dich heute entscheiden, was Du stärken möchtest.

Du kannst Dich heute entscheiden, welche Glaubenssätze in Deinem Leben wirken sollen.

Und Du kannst Dich BEWUSST entscheiden, mehr Glück, die Freude, die Lebendigkeit, den Genuss und die Liebe in Dein Leben zu ziehen.

Mein Tipp daher:

Mach Dir Deine eigenen Glaubenssätze und lass Dich nicht bremsen!

Denk dran: Bisher war es so, dass es nicht Deine Glaubenssätze waren, sondern die der anderen! Und die haben Dich natürlich ausgebremst, weil sie nicht zu Dir passten.

Ist Dein Glaubenssatz jetzt aber eine offene Frage, wie zum Beispiel „Warum kann ich mir das leisten?“, wirst DU einen Weg finden!

Davon bin ich zu 100% überzeugt. Warum nicht auch Du?

4) Gruppenzwang

Der Mensch ist ein soziales Wesen und wünscht sich Anerkennung. Meist fühlt er sich in der Gruppe unter Gleichgesinnten am wohlsten.

In der Gruppe besteht allerdings das Risiko, dass er seine eigenen Bedürfnisse zugunsten der anderen zurückstellt. Wirklich zu 100% glückliche Ent- wicklung ist da nicht möglich.

Möchtest DU daher mehr, darfst Du Dir bewusst werden, dass Du nur mit Dir ein ganzes Leben lang leben wirst. Die Anderen gehen irgendwann.

Für eine gesunde und harmonische Beziehung mit Dir selbst ist es aber unabdingbar, dass Deine Bedürfnisse stark gegen 100% erfüllt sind.

Für das Entscheiden bedeutet das – entscheide für DICH, zu 100%. Hab keine Angst vor kurzfristiger Zurückweisung. Achte auf Deinen Leuchtturm!

5) Mein innerer Elefant

Hört sich tierisch an, oder?

Was steckt nun dahinter?

Du erinnerst Dich sicherlich auch an Situationen, in denen Du alles optimal vorbereitet und entschieden hast und losgegangen bist. Und dann ist irgendwann die Ausführung Deines Entschlusses versickert wie ein kleiner Fluss in der Wüste?

Prominentes Beispiel sind da die Neujahrsvorsätze.

Ich durfte von Alexander Hartmann lernen, dass ich, was Entscheidungen angeht, total auf dem Holzweg war - jedenfalls bis zu diesem Zeitpunkt, als ich ihn kennen lernte.

Über mein Unterbewusstsein hatte ich mir nämlich bis zu diesem Zeitpunkt null Gedanken gemacht und war der Überzeugung, dass ich meine Entscheidungen im Kopf und allenfalls noch zu einem gewissen Anteil im Herzen treffe.

Dank Alexanders fantastischem Buch, zu dem ich auch eine Rezension bei YouTube gemacht habe, wurde ich von diesem Glauben befreit und lernte meinen inneren Elefanten kennen.

Videolink:

https://www.youtube.com/watch?v=B6A-axPf5YQ

Buchtipp:

Alexander Hartmann Mit dem Elefant durch die Wand https://sylvia.sx/Elefant

Nun verstehe ich mich und die Sache mit den schiefgegangenen Neujahrsvorsätzen deutlich besser. Denn, Du kannst das jetzt glauben oder nicht, 95 Prozent unserer Entscheidungen kommen aus dem Unterbewusstsein - damit Du's besser verstehst: Dein Verstand ist mit einem Anteil von fünf Prozent an einer Entscheidung beteiligt – als Zahl: 5!

DA! DENKANSTOß!

Der Optimist irrt sich genauso oft, wie der Pessimist; er hat aber mehr Spaß dabei.

6) Günter

Hast Du schon einmal von Günter gehört?

Das ist so ein Typ, der hält sich auch immer wieder von richtig guten Entscheidungen ab.

Wenn Du ihn noch nicht kennst, so darf ich Dir die Kunstfigur, die Stefan Frädrich erfunden hat, kurz vorstellen: er hat nämlich, damit man besser mit ihm kommunizieren kann, dem inneren Schweinehund den Namen Günter gegeben.

Dieses Tool ist ebenso wie der innere Elefant und das Thema Glaubenssätze für die Arbeit mit unserem übermächtigen Unterbewusstsein geeignet. Stefan hat für nahezu jeden Lebensbereich ein Buch über Günther geschrieben. Dort findest Du Hunderte von Vorschlägen wie Du mit bestimmten Verhaltensweisen, die Du sicher von Dir selber kennst und nicht unbedingt magst, in Zukunft besser umgehen kannst.

Deshalb hier der Buchtipp, der nur stellvertretend für alle Bücher der „Günter"-Reihe steht. Kann ich Dir nur wärmstens ans Herz legen; vor allem auch weil sie Deine vermeintlichen Schwachstellen mit Humor angehen. Für mich ist Humor wie schon für Ringelnatz einfach der Knopf, der verhindert, dass der Kragen platzt.

Buchtipp:
Dr. Stefan Frädrich - Das Günter-Prinzip
http://sylvia.sx/Hund

DA! Denkanstoß!

Wie viele Menschen kennst Du, die denken… sie müssten sich zwischen zwei Alternativen mit der Option entweder oder entscheiden?

Sie sagen: das ist ebenso oder auch: das war schon immer so.

Für mich sind das Sätze, die ich seit einiger Zeit nicht mehr verwende. Ich habe festgestellt, dass ich mir damit selbst sehr heftig im Weg stehe und meine Möglichkeiten unglaublich begrenze.

Irgendwann, nach so einem magischen Seminarwochenende, habe ich beschlossen, meine Denke aktiv zu ändern.

Seitdem überlege ich immer, wenn ich meine, ich müsse mich zwischen zwei Alternativen entscheiden, ob das wirklich SO richtig ist - oder ob ich nicht vielleicht sowohl das eine als auch das andere haben oder machen kann.

Vielleicht geht es ja nacheinander oder sogar gleichzeitig?

Du glaubst nicht, wie viele Entscheidungen ich seither viel lustvoller getroffen habe und wie viel mehr ich erreicht habe, weil ich meine eigenen Grenzen gesprengt habe.

Ich glaube, Du darfst alles hinterfragen, was Du bisher so gedacht hast.

Wenn dieses Buch nur DAS bei Dir bewirkt, bin ich schon mega glücklich!

Wobei Du das noch toppen kannst, indem Du mir davon berichtest;-).

Denn ich glaube fest daran, dass geteiltes Glück… mehr als doppeltes Glück ist!

Und schon wieder einer! DA! Denkanstoß!

Ich hatte weiter oben ja schon einmal von der blockierenden Angst vor Entscheidungen berichtet und wie man damit umgeht.

Hier möchte ich Dir noch einen Tipp geben, damit Du Dir noch mehr bewusst machen kannst, wie Du eigentlich so tickst.

Mir ist bei mir selbst irgendwann aufgefallen, dass ich zeitweise funktioniere, wie eine Maschine. Ich bin mir nicht bewusst, warum ich etwas tue bzw. wie ich funktioniere.

Vor einiger Zeit ist es mir wie Schuppen von den Augen gefallen, dass alles-einfach ALLES- besser und besser und besser funktioniert, wenn ich etwas ganz Bestimmtes tue.

Es ist manchmal recht anstrengend und auch ein langwieriger Prozess, aber er lohnt sich - 500 Prozent Garantie!

Ich habe angefangen, mich immer besser kennen zu lernen und kann Dir das nur empfehlen!

Mir ist irgendwann aufgefallen, dass ich mich im Kopf mehr als 50 Prozent des Tages nicht in der Gegenwart, sondern in der Vergangenheit befinde.

Unser Leben findet wie auf einem Zeitstrahl statt. Du kannst Dir links die Vergangenheit, in der Mitte die Gegenwart und auf der rechten Seite die Zukunft vorstellen.

Wenn ich mich in dem Hamsterrad der Angst drehe, so liegt die Ursache in Dingen, die ich in der Vergangenheit erlebt habe.

Oder ich habe Angst vor etwas, das in der Zukunft stattfinden wird.

Das hat aber definitiv mit meiner GEGENWART – dem Hier und Jetzt (HUI!!!) nur eine Verbindung, nämlich meine Gedanken.

Von wenigen Ausnahmen abgesehen kannst du es immer schaffen, den Augenblick zu genießen. Natürlich gibt es Ausnahmen.

Aber mach Dir mal bewusst-wenn es Dir nicht gut geht wo Du gerade gedanklich bist: Gestern? Morgen? Oder wirklich im HUI?!

7) Hedonismus

Warum ich oft nicht aus dem Quark komme?

Weil ich mich an den Quark gewöhnt habe; selbst wenn er mir nicht mehr schmeckt...

Der Mensch ist ein Gewohnheitstier.

Leider funktioniert das auch bei unangenehmen Dingen.

Bekomme ich zum Beispiel eine medizinische Diagnose, gibt es zwei Möglichkeiten: ich akzeptiere sie oder ich lehne mich dagegen auf.

Mein Tipp: alles, was das Leben Dir serviert, erstmal annehmen – alles andere verbraucht zu viel Kraft!

Wenn ich die Diagnose annehme, ist die nächste Stufe üblicherweise, mich näher damit zu beschäftigen, mich zu informieren.

Und dann darf ich wieder entscheiden, was ich mit dem Wissen anfange.

Eine mögliche Entscheidung ist, sich fügen und arrangieren (das sind wieder die bekannten 80 oder sogar mehr Prozent); die andere Alternative ist, mich zu fragen, was ich daraus lernen kann, was ich ändern kann, um wieder gesund zu werden.

Das ändere ich UND daran glaube ich dann auch.

Das ist eher so meins.

Und dank der Fügung darf ich ja auch kräftig ausprobieren und ich denke sogar: mit Erfolg.

Jedenfalls ist mein Leben mit Diagnosen deutlich erfüllter und sinnvoller, als ohne und das kenne ich aus meinem Netzwerk in ganz vielen Varianten.

Ich glaube, das Leben stellt uns nur Aufgaben, die wir auch bereit sind, zu lösen.

Und je mehr unsere Fähigkeiten wachsen, desto größer werden auch die Aufgaben.

Hedonismus hilft vielen, hat für mich aber einen Hauch von Opfer.

Und ich glaube ganz fest, dass wir es leben dürfen, Chef in unserem Leben zu sein!

Also ANNEHMEN und neue, eigene, höchstpersönliche LÖSUNGEN suchen.

Jeder Mensch ist absolut einmalig und die Lösung darf für jeden eine andere sein und alle sind richtig.

NACH der Ent-scheidung

NACH der Ent-scheidung: Schritt 1

Steh dazu und lass los! Hak`es ab.

Die Entscheidung ist die Tochter der Meinung.

Was will ich damit sagen?

- Dass eine Entscheidung etwas Höchstpersönliches ist;
- dass sie nicht diskutabel ist,
- dass Deine Ent-scheidung ganz alleine Dir gehört,
- dass sie nur für Dich passen und niemandem sonst gefallen muss,
- dass Du allein die Konsequenzen trägst

Nimm es Dir zu Herzen!

Es macht glücklich!

Das hat den Vorteil, dass Du, wenn Du einmal entschieden hast, mit niemandem über Deine Entscheidung diskutieren musst.

Du muss sie weder verteidigen, noch rechtfertigen, noch erklären.

Das ist mit Deiner Meinung genauso!

Ihr kennt mich (oder jedenfalls jetzt!) als KLARTEXTREDNERIN.

Wer meint, er könne über Meinungen (ungefragt) diskutieren, der hat den Schuss nicht gehört!

Du kannst Dich freuen, wenn andere auch Deiner Meinung sind; sind sie es nicht, ist das kein Beinbruch, sondern nur Ausdruck unserer wundervollen Welt und der vielen verschiedenen Menschentypen, die sie bevölkern.

Es gibt daher auch bei Ent-scheidungen kein richtig und falsch (wohlgemerkt subjektiv gemeint, nicht objektiv!).

Ich schildere Dir mal ein Beispiel, damit Du es besser nachvollziehen kannst.

Stell Dir vor, Dein 22jähriges, also erwachsenes(!) Kind ist ausgezogen und möchte sich einen Fernseher kaufen.

Da es aktuell nicht die erforderlichen Mittel hat, da einige andere Anschaffungen wichtiger sind, beschließt Du, ihm einen gewissen Betrag zu leihen (ob sinnvolle Anschaffung oder nicht, lassen wir hier mal außen vor).

Diese Entscheidung hast Du getroffen und sie ist damit zu Ende oder sollte es zumindest sein;-)

Das Kind geht jetzt hin und kauft aufgrund sorgfältiger Abwägung nach seinen Kriterien eine Waschmaschine und ist glücklich, dass Du ihm das Geld geliehen hast.

Es bedankt sich, zeigt (e) die Waschmaschine und Du kümmerst Dich im Nachhinein einmal darum, ob das eine „richtige“ Entscheidung war. Bei dem Besuch einschlägiger Testportale stellst Du fest, diese Maschine wurde nirgendwo getestet!!

Du teilst Deine Meinung mit, dass der Kauf leider eine Fehlentscheidung war; das Kind wollte doch einen Fernseher kaufen UND die Wachmaschine ist nicht getestet!

Du wunderst Dich jetzt sehr, dass Dein Kind Deine Meinung bezüglich des Fehlkaufs nicht teilt und dass sich an seiner Zufriedenheit mit dem geliehenen Geld und der Waschmaschine nichts ändert.

Das liegt daran, dass es eben nach seiner Meinung seine beste Entscheidung getroffen hat.

Und dabei spielten eben keine vermeintlich unabhängigen Testergebnisse eine Rolle, sondern der persönliche Kontakt zu der Firma, wo die Maschine gekauft wurde, der angebotene

Kundendienst, und der Bericht eines Freundes, der mit dieser Maschine sehr zufrieden war.

Hier zeigt sich also ganz deutlich, was sich wie ein roter Faden durch unser Leben zieht.

Wir äußern etwas, wir ent-scheiden etwas und das ist Ausdruck unserer wunder-vollen, einzigartigen Persönlichkeit.

Persönlichkeit ist etwas höchst Individuelles und Vielschichtiges. (GROß?!)

In dem Moment, wo wir anfangen, bestimmte Teile einer Persönlichkeit zu be- und verurteilen, verschlechtert sich das Klima im Umgang miteinander; denn wir suchen keine Gemeinsamkeiten mehr, die uns verbinden, sondern Unterschiede, die uns trennen.

Und anstatt die unterschiedlichen Fähigkeiten und Horizonte positiv zu nutzen, nutzen wir sie zur Kritik.

Im vorstehenden Beispiel wird es ganz deutlich, dass sich die Beziehung zwischen Mutter und Kind durch ungefragte Kritik NACH einer Entscheidung kaum verbessern kann.

Im Grunde genommen hat die Mutter auch nicht die Entscheidung des Kindes hinterfragt, sondern ihre eigene.

Und dafür gibt es eine wichtige Ursache, derer Du Dir bewusst sein solltest:

Die Mutter hat nämlich mit ihrer Ent-scheidung, Geld zu verleihen, eine Erwartung verknüpft.

Sie hoffte, durch die Hingabe des Geldes, an der Entscheidung beteiligt zu werden.

Davon war aber nie die Rede!

Der Deal war klar: Die Mutter leiht das Geld, das Kind kauft die Maschine.

Mein Tipp: Entscheidungen erwartungsfrei treffen!

Ich denke, dass wir Ent-scheidungen, nachdem wir sie getroffen haben, loslassen sollten. Sonst besteht die Gefahr, dass wir uns unter Umständen selbst den Spaß verderben;-)

Um das noch mal ganz deutlich zu machen, eines meiner Lieblingsthemen in diesem Zusammenhang: Geschenke.

Weihnachten ist ja gerade vorbei.

Viele, viele Euros wurden für Geschenke ausgegeben, die den Empfänger nicht glücklich gemacht haben.

Denk nur mal an die hunderte von Krawatten und Socken, die kurz nach Weihnachten bereits bei eBay oder in sonstigen Tauschbörsen gelandet sind.

Ich habe, wenn ich ein Geschenk gekauft habe, eine Entscheidung getroffen.

In dem Moment, wo ich es verschenke, lasse ich es (erwartungsfrei) los.

Ich schenke, um mich glücklich zu machen, im Optimalfall auch den Beschenkten.

Da ich aber niemals zu 100 Prozent seinen Gedankengängen folgen kann - er geht in anderen Schuhen durch das Leben (Größe, Geschmack), darf er entscheiden, was er mit meinem Geschenk macht. Dazu gehört zum Beispiel auch, ob er es behält, weiterverschenkt oder weiterverkauft.

Verbinde ich mit dem Geschenk dagegen die Erwartung eines bestimmten Verhaltens des Empfängers, beraube ich mich unter Umständen meines Glückserlebnisses selbst.

Das ist mir früher ganz oft passiert.

Damals war ich zum einen noch nicht so gut in der Lage, mit den Schuhen des anderen zu gehen - das ist jetzt nach 30 Jahren der Berufstätigkeit viel, viel besser geworden - und zum anderen hatte ich bestimmte Vorstellungen davon, was der Beschenkte empfinden sollte.

Ein Unterfangen, dessen Erfolg von vornherein auf sehr, sehr wackeligen Beinen stand.

Heute wird mein Leben von Tag zu Tag erwartungsfreier und damit viel entspannter.

Ich tue was ich kann, entscheide und lasse los.

Ende Gelände□!

Das ist auch einer meiner Megageheimnistipps zum Entscheiden!

Auf einem meiner Lieblingsblog vom Tim Schlenzig MY MONK – der hat auch einen Hammerpodcast! - gibt es die zwei Minuten LOSLASSÜBUNG. Sehr zu empfehlen! https://mymonk.de/folge71/

NACH der Ent-scheidung: Schritt 2

Feier Dich!

Was oft und gerne vergessen wird, Dir aber eine Megahilfe sein kann, beim Lernen schneller und besser zu entscheiden, ist das Feiern.

Wenn Du eine schwierige Entscheidung getroffen hast, vergiss` niemals, diese Tatsache und Dich auch zu feiern.

Belohne Dich!

Ich habe bei YouTube ein Video mit dem Titel „Was tut mir gut Liste“, in dem ich erkläre, wie sinnvoll es ist, wenn man sich selbst kennt und weiß, was einem Freude macht. Dort sollten Dinge aufgelistet sein, die fünf Minuten dauern, zehn Minuten, eine halbe Stunde, eine Stunde, einen halben Tag, drei Tage usw.

Wenn ich immer daran denke, jeden Tag ein paar von diesen Dingen zu tun, wird mein körperlicher und geistiger Zustand immer auf so einem hohen Level bleiben, dass ich weiterhin in der Lage bin, gute Entscheidungen für mich und meine Liebsten zu treffen.

Das funktioniert wie ein Perpetuum Mobile oder auch wie ein Dynamo!

Man kann sich selbst aufladen und ist nicht auf Hilfe von außen angewiesen.

Allerdings, das hatten wir schon weiter vorne, man sollte es üben; dann ist der Erfolg garantiert.

NACH der Ent-scheidung: Schritt 3

Wenn Du nach einiger Zeit feststellen solltest, dass die Entscheidung, die Du getroffen hast, sich doch für Dich – aus welchen Gründen auch immer- nicht gut anfühlt, so zögere nicht, diese nochmals zu überprüfen und gegebenenfalls auch wieder zu ändern.

Wie heißt es so schön: Irren ist menschlich! Wenn Du aber festgestellt hast, dass Dir auf der Autobahn viele Autos entgegenkommen, ist es wenig hilfreich, das Tempo zu erhöhen, um der Gefahr zu entgehen.

DA! Denkanstoß!

Geschichte von der Schlange und der Säge:

Eine Schlange kroch in eine Schreinerei und als sie dahinglitt, kam sie über eine Säge und wurde leicht verletzt. Von einem Augenblick zum nächsten kehrte sie zurück und biss mit ihrer ganzen Wut die Säge; und dabei wurde sie im Maul schwer verwundet. Dann, ohne zu verstehen, was geschehen war, und zu denken, dass die Säge sie angriff, beschloss sie, die Säge zu umschlingen, drückte mit ihrem ganzen Körper und mit aller Kraft zu, doch am Ende ließ sie selbst ihr Leben.

Manchmal reagieren wir mit Wut darauf, diejenigen zu verletzen, die uns Schaden zugefügt haben, aber schließlich erkennen wir, dass wir uns selbst verletzen.

Im Leben ist es manchmal besser, Situationen zu ignorieren, Menschen zu ignorieren, ihre Verhaltensweisen und sogar Worte zu ignorieren. Die Leute sagen und tun viele Dinge. Aber Du entscheidest, ob sie Dich beeinflussen oder nicht!

Viele Male ist es besser, nicht zu reagieren, um nicht zu leiden und/oder Konsequenzen, die manchmal tödlich oder schädlich sein können, zu vermeiden.

Lass deshalb niemals Hass Dein Leben übernehmen, denn Liebe ist stärker als alles andere.

NACH der Ent-scheidung:
Schritt 4

Hab Geduld!

Da gibt es jetzt viele Sprüche:

Der mit Rom und so weiter.

Fakt ist: wenn DU alles getan hast, heißt das noch nicht, dass auch sofort das Ergebnis kommt.

Als Kinder mussten wir immer schnell das Ergebnis haben. Als Erwachsene haben wir im Optimalfall gelernt, uns zu gedulden.

Da genügt der Blick in die Natur.

Mir hilft immer das Bild vom gepflanzten Samen:

Alles, was Du brauchst, ist ein Same, Erde, Sonne, Wasser, Geduld und dann wird etwas daraus – manchmal etwas ganz Gigantisches, wie z.B. ein Baum.

Aber wenn ich erst gepflanzt habe, kann ich nichts mehr beschleunigen; ich MUSS warten – so wenig ich dieses Wort mag...

Viel mehr mag ich schon den Spruch:

Das Gras wächst nicht schneller, wenn Du daran ziehst.

Zusammenfassung

Die sieben Schritte zur glücklichen Entscheidung:

1. Lerne Dich richtig richtig gut kennen.

2. Sei Dir bewusst, was Dein Leuchtturm ist.

3. Erkenne die Situation und nimm` sie an.

4. Schalte Dein Navigationsgerät an.

5. Gehe DEINEN Weg.

6. Feiere Deinen Erfolg.

7. Übeübeübe.

Ich habe Dir jetzt alles zum Thema *Ent-scheiden macht glücklich* aufgeschrieben, was mir bis zum 29.3.2019 wichtig erschien. Morgen fallen mir noch viel mehr Sachen ein, aber ich habe entschieden, dass es irgendwann eine Deadline gibt, damit das Buch das Licht der Welt erblickt.

Ich weiß ganz genau, da gibt es noch viel mehr, dass ich Dir mitgeben könnte.

Aber ich freue mich auch mega, wenn wir darüber sprechen! Ist das ein Vorschlag?

Schreib`mir gerne unter look@paragraphensylvia.de. Ich freu mich mega!

Sprüche rund um das Entscheiden

- Sorgen sind wie Pflanzen: je mehr Du sie düngst, desto mehr wachsen sie. (Leo Buscaglia)
- Hoffnung ist nicht die Überzeugung, dass etwas gut ausgeht, sondern die Gewissheit, dass etwas Sinn hat, egal wie es ausgeht. (Vaclav Havel)
- Es ist besser, unvollkommene Entscheidungen durchzuführen, als beständig nach vollkommenen Entscheidungen zu suchen, die es niemals geben wird. (Charles de Gaulle)
- Viel mehr als unsere Fähigkeiten sind es unsere Entscheidungen, die zeigen, wer wir wirklich sind. (Joanne K. Rowling)
- Der Weg ist das Ziel. (Konfuzius)
- Die größte Entscheidung Deines Lebens liegt darin, dass Du alles ändern kannst, wenn Du Deine Geisteshaltung änderst. (Albert Einstein)

- Wenige Menschen denken, und doch wollen alle entscheiden. (Friedrich II, der Große)

- Wenn du zwei Menschen zur gleichen Zeit liebst, dann wähle den zweiten Menschen. Denn wenn du den ersten wirklich lieben würdest, hättest du dich nie in den zweiten verliebt. (Johnny Depp)

- Zu mancher richtigen Entscheidung kam es nur, weil der Weg zur falschen gerade nicht frei war. (Hans Krailsheimer)

- Erfolgreiche Menschen treffen Entscheidungen schnell und ändern sie sehr langsam, wenn überhaupt. Erfolglose Menschen treffen Entscheidungen sehr langsam und ändern sie oft und schnell. (Napoleon Hill)

Buchtipps

Ich bin mir ganz sicher, Du wirst Fortschritte machen beim Umsetzen meiner Tipps.

Sei nicht enttäuscht und zu streng mit Dir, wenn nicht alles sofort klappt. Es klappt sicher schon besser und die Routine kommt beim Üben und die Erfolgsgefühle der Zufriedenheit auch – und das warst dann DU – niemand anderes!

Ein Freund, Stefan Zeitz, hat einmal gesagt: Die Tatsache, dass ich sterben werde, ist für mich das wichtigste Werkzeug, um Entscheidungen in meinem Leben zu fällen.

Sehr nachdenkenswert, wie ich finde.

Und auch Bronnie Ware hat in ihrem wundervollen Buch „5 Dinge, die Sterbende am meisten bereuen" herausgefunden, dass sehrsehr viele Menschen bereuten, nicht den Mut gehabt zu haben, ein Leben NACH IHREN VORSTELLUNGEN ZU LEBEN und zu entscheiden, ihre Gefühle öfter auszudrücken.

Julia Engelmanns bestes Gedicht

Und schließen möchte ich in diesem Sinne mit einem wundervollen Gedicht der unvergleichlichen Julia Engelmann:

Eines Tages, Baby, werden wir alt sein!“

Eines Tages, Baby, werden wir alt sein. Oh Baby, werden wir alt sein

und an all die Geschichten denken, die wir hätten erzählen können.

Ich, ich bin der Meister der Streiche, wenn´s um Selbstbetrug geht.

Bin ein Kleinkind vom Feinsten, wenn ich vor Aufgaben stehe.

Bin ein entschleunigtes Teilchen, kann auf keinstem was reißen,

lass mich begeistern für Leichtsinn – wenn ein anderer ihn lebt.

Und ich denke zu viel nach.

Ich warte zu viel ab.

Ich nehme mir zu viel vor –
und ich mach davon zu wenig.

Ich halte mich zu oft zurück –
ich zweifle alles an,
ich wäre gerne klug,
allein das ist ziemlich dämlich.

Ich würde gern so vieles sagen
aber bleibe meistens still,
weil, wenn ich das alles sagen würde,
wär das viel zu viel.

Ich würde gern so vieles tun,
meine Liste ist so lang,
aber ich werde eh nie alles schaffen –
also fange ich gar nicht an.

Stattdessen hänge ich planlos vorm Smartphone,
warte bloß auf den nächsten Freitag.

Ach, das mach ich später,
ist die Baseline meines Alltags.

Ich bin so furchtbar faul
wie ein Kieselstein am Meeresgrund.

Ich bin so furchtbar faul,
mein Patronus ist ein Schweinehund.

Mein Leben ist ein Wartezimmer,
niemand ruft mich auf.

Mein Dopamin, das spare ich immer –
falls ich´s nochmal brauch.

Und eines Tages, Baby, werde ich alt sein.
Oh Baby, werde ich alt sein

und an all die Geschichten denken, die ich hätte erzählen können.

Und Du? Du murmelst jedes Jahr neu an Silvester die wiedergleichen Vorsätze treu in dein Sektglas und Ende Dezember stellst Du fest, dass du Recht hast, wenn Du sagst, dass Du sie dieses Jahr schon wieder vercheckt hast.

Dabei sollte für Dich 2013 das erste Jahr vom Rest deines Lebens werden.

Du wolltest abnehmen,
früher aufstehen,
öfter rausgehen,
mal deine Träume angehen,
mal die Tagesschau sehen,
für mehr Smalltalk, Allgemeinwissen.

Aber so wie jedes Jahr,
obwohl Du nicht damit gerechnet hast,
kam Dir wieder mal dieser Alltag dazwischen.

Unser Leben ist ein Wartezimmer,
niemand ruft uns auf.

Unser Dopamin das sparen wir immer,
falls wir´s nochmal brauchen.

Und wir sind jung und haben viel Zeit.

Warum sollen wir was riskieren,
wir wollen doch keine Fehler machen,
wollen auch nichts verlieren.

Und es bleibt so viel zu tun,
unsere Listen bleiben lang
und so geht Tag für Tag
ganz still ins unbekannte Land.

Und eines Tages, Baby, werden wir alt sein. Oh
Baby, werden wir alt sein,

und an all die Geschichten denken, die wir hätten
erzählen können

und die Geschichten, die wir dann stattdessen
erzählen werden,

traurige Konjunktive sein wie

„Einmal bin ich fast einen Marathon gelaufen und
hätte fast die Buddenbrooks gelesen

und einmal wäre ich beinah bis die Wolken wieder
lila waren noch wach gewesen

und fast, fast hätten wir uns mal demaskiert und
gesehen, wir sind die Gleichen,

und dann hätten wir uns fast gesagt, wie viel wir
uns bedeuten."

Werden wir sagen.

Und dass wir bloß faul und feige waren, das
werden wir verschweigen, und uns heimlich
wünschen, noch ein bisschen hier zu bleiben.

Wenn wir dann alt sind
und unsere Tage knapp,
und das wird sowieso passieren,
dann erst werden wir kapieren,
wir hatten nie was zu verlieren –
denn das Leben, das wir führen wollen,
das können wir selber wählen.

Also lass uns doch Geschichten schreiben,
die wir später gern erzählen.
Lass uns nachts lange wach bleiben,
auf's höchste Hausdach der Stadt steigen,
lachend und vom Takt frei die allertollsten Lieder
singen.

Lass uns Feste wie Konfetti schmeißen,
sehen, wie sie zu Boden reisen
und die gefallenen Feste feiern,
bis die Wolken wieder lila sind.

Und lass mal an uns selber glauben,
ist mir egal, ob das verrückt ist,
und wer genau guckt, sieht,
dass Mut auch bloß ein Anagramm von Glück ist.

Und – wer immer wir auch waren –
lass mal werden wer wir sein wollen.

Wir haben schon viel zu lang gewartet,
lass mal Dopamin vergeuden.

„Der Sinn des Lebens ist leben“,
das hat schon Casper gesagt,
„let‘s make the most of the night“,
das hat schon Kesha gesagt.

Lass uns möglichst viele Fehler machen,
und möglichst viel aus ihnen lernen.

Lass uns jetzt schon Gutes säen,
dass wir später Gutes ernten.

Lass uns alles tun,
weil wir können – und nicht müssen.

Weil jetzt sind wir jung und lebendig,
und das soll ruhig jeder wissen,
und – unsere Zeit, die geht vorbei.

Das wird sowieso passieren
und bis dahin sind wir frei
und es gibt nichts zu verlieren.

Lass uns uns mal demaskieren
und dann sehen, wir sind die Gleichen,
und dann können wir uns ruhig sagen,
dass wir uns viel bedeuten,
denn das Leben, das wir führen wollen,
das können wir selber wählen.

Also los, schreiben wir Geschichten,
die wir später gern erzählen.

Und eines Tages, Baby, werden wir alt sein. Oh
Baby,
werden wir alt sein

und an all die Geschichten denken, die für immer
unsere
sind.

Und das Beste kommt zum Schluss.

Ich stehe hier und scharre mit den Füßen!

Ich freue mich so sehr, auf unsere neue oder vertiefte Verbindung!

Bei Facebook, bei youtube, per Mail an
look@paragraphensylvia.de
und was immer DIR noch so einfällt.

All denjenigen, die mir bei Amazon eine ehrliche, höchstpersönliche Bewertung schreiben, schenke ich eine Stunde Coaching zu ihrem Thema, die sie gerne auch verschenken dürfen.

Da ich bei den Bundlepreisen auch solche Geschenke eingebaut habe, bin ich ganz gespannt, wie viel Zeit mir ab Launch bleibt, noch „normal" zu arbeiten.

Lasst Euch davon nicht abhalten!

Ich werde auch diese Aufgabe lösen und danke Dir obersupersehr herzlich für Deine Investition in Geld und Lesezeit und wünsche Dir von alles Glück der Welt und Durchhaltevermögen bei der Umsetzung.

Deine Paragraphensylvia aus Hennef, im März 2019

Printed in Poland
by Amazon Fulfillment
Poland Sp. z o.o., Wrocław

69972240R00092